로지컬 커뮤니케이션
트레이닝

Practical Training Program : **Logical Communi**

Practical Training Program : **Logical Communication I**

학생 · 비즈니스맨을 위한 자기 개발 프로그램 : 논리적인 의사전달 I

로지컬 커뮤니케이션 트레이닝

Logical Communication + PersuasivePresentation

와타나베 파코 지음 | 허명구 옮김

일빛

로지컬 커뮤니케이션 트레이닝

펴낸곳　도서출판 일빛
펴낸이　이성우
지은이　와타나베 파코
옮긴이　허명구
기획　문희정
편집 이준수 · 이은주 · 이수경
디자인 이혜경
마케팅 최정원 · 조규석 · 이정자

등록일 1990년 4월 6일
등록번호 제10-1424호

초판 1쇄 인쇄일 2003년 10월 24일
초판 1쇄 발행일 2003년 11월 5일

주소 121-837 서울시 마포구 서교동 339-4 가나빌딩 2층
전화 02) 3142-1703~5 팩스 02) 3142-1706
E-mail ilbit@unitel.co.kr

값 12,000원
ISBN 89-5645-031-5 (03320)

로지컬 커뮤니케이션 트레이닝

Practical Training Program : **Logical Communication I**

Practical Training Program : **Logical Communication I**

학생 · 비즈니스맨을 위한 자기 개발 프로그램 : 논리적인 의사전달 I

로지컬 커뮤니케이션 트레이닝

Logical Communication + PersuasivePresentation

와타나베 파코 지음 | 허명구 옮김

일빛

로지컬 커뮤니케이션 트레이닝

펴낸곳 도서출판 일빛
펴낸이 이성우
지은이 와타나베 파코
옮긴이 허명구
기획 문희정
편집 이준수 · 이은주 · 이수경
디자인 이혜경
마케팅 최정원 · 조규석 · 이정자

등록일 1990년 4월 6일
등록번호 제10-1424호

초판 1쇄 인쇄일 2003년 10월 24일
초판 1쇄 발행일 2003년 11월 5일

주소 121-837 서울시 마포구 서교동 339-4 가나빌딩 2층
전화 02) 3142-1703~5 팩스 02) 3142-1706
E-mail ilbit@unitel.co.kr

값 12,000원
ISBN 89-5645-031-5 (03320)

글머리에

논리적으로 사고한다는 것은 특별한 능력이 아니다. 앞으로 이 책에서 이야기할, '논리적으로 알기 쉽고, 그리고 정확하게 자신의 의사를 전달한다는 것' 역시 특별한 능력을 요하는 것이 아니다. 논리적인 사고에 기초하여 올바른 순서에 따라 사고할 것, 그리고 도중에 사고를 멈추지 않을 것, 이 두 가지 점만 익힌다면 논리적인 설득이 가능하다.

이 책은 논리력을 향상시킴으로써 "자신의 생각을 논리적으로 구성하고 그것을 대화나 글을 통해서 사람들에게 전달할 수 있는 방법"을 테마로 삼고 있다.

자신이 생각하고 있는 것을 논리적으로 구조화할 수 있고, 나아가 그것을 상대방에게 제대로 전할 수 있게 되면, 차차 "일이 하기 쉬워졌다"거나 "다른 사람으로부터 신뢰받게 됐다"는 느낌을 경험할 수 있을 것이다. 나의 강좌를 수강한 학생들 중에는 "처음에는 걱정했는데, 시켜보니 생각 이상으로 잘 했다"고 상사로부터 칭찬을 들었다는 사람도 자주 있고, "○○선배를 따라가면 틀림없다"는 말을 들었다는 사람들도 많다.

비즈니스의 세계에서는 단지 논리적으로 생각할 수 있다는 것만으로는 부족하고, 그 논리를 사용하여 실제로 비즈니스에 적용할 수 있어야 한다. 논리적이라는 것만으로 나의 의사가 사람들에게 모두 전달되는 것은 아니지만, 적어도 동일한 조건에서라면 사람들을 더 잘 움직여주는 논리 구성의 방법은 분명히 존재한다. 이 책에서 "실제로 사람과 더불어 행동하기" 위한 논리의 구축방법을 배워 나가기로 하자.

2002년 4월

저자

제1부 기초편

나의 생각을 논리적 사고로 정리하여 전하기

01 설득력 있는 메시지에는 이유가 있다

02 의사 전달력 향상 프로세스

제2부 기초연습편

의사 전달 트레이닝

STEP 1 이슈와 결론 파악하기

STEP 2 논리적 구조 발견하기

STEP 5 눈에 보이는 것으로 표현하기

제3부 종합 연습문제

설득력 있는 제안서 작성하기

에필로그

의사전달력을 단련하여 이상을 실현한다

1. 하고 싶은 것을 하기 위해서 의사 전달력을 단련한다.

2. '하고 싶은 것을 할 수 있다' 는 것은 무엇일까?

3. 당신의 기획서가 채택되지 않는다면

4. 의사 전달력은 '논리적 사고력' 의 단련에서 시작된다

5. 이 책의 특징과 구성

Prologue

논리적 의사 전달의 힘을 기르자

Logical
Communication
+
Persuasive
Presentation

1 하고 싶은 것을 하기 위해서 의사 전달력을 단련한다

"이것을 하고 싶어!" 라는 생각이 의사 전달의 출발점이다

자기가 하고 싶다고 생각한 것을 멋지게 실현해본 경험이 있는가? 예를 들어, "부모님의 생각과는 다르지만 내가 전공하고 싶은 학과가 있는 대학에 진학했다" 거나 "세상 사람이 일반적으로 좋다고 생각하는 회사가 아니라 내가 직접 선택한 회사에 취직했다" 는 이런 경험 말이다.

물론 취직을 하고 나서 자신이 내놓은 제안이나 기획안을 실현시킨 경우라면 더욱 좋다.

"남을 설득하여 나 자신의 생각을 실현시켰다" 고 하는 경험은 그것 자체로 아주 귀중한 경험이다. 왜냐하면 내가 생각하고 의도한 것을 실제로 실현했을 때 맛보는 기쁨이나 뿌듯함은 언제나 나 자신의 기억 속에 남아 용기와 활력을 불어넣어 주기 때문이다.

그러나 문제를 잘 해결한 경험이 많은 사람도 항상 문제를 잘 해결했던 것은 아니다. "그 친구가 문제를 잘 해결할 수 있었던 것은 우연이야" 라거나 "어쩌다가 그 친구 의견에 반대하던 사람이 양보해 주었기 때문이야" 라고 생각할 수도 있다. 물론 자신이 생각하고 제안한 것이 채택된 적이 한 번도 없는 사람도 있을 것이고, 심한 경우에는 아예 그런 제안 자체를 해본 적이 없는 사람도 있을 것이다. 당신은 그런 사람들 가운데 어떤 유형의 사람인가?

의사 전달력은 내가 '하고 싶다'고 생각한 것을 어떻게 해서든지 다른 사람에게 설득력 있게 전달하고, 그것을 반드시 실현시키겠다는 결심에서부터 시작된다. 다른 사람에게 전달하여 설득하고자 하는 자신의 생각과 내용이 없는데, 그 생각을 전달하는 논리를 세울 수는 없지 않은가? 너무 당연한 것 아닌가 하고 느낄지 모르겠지만 이것은 무척 중요한 이야기이다.

지금 당신은 무엇을 실현하고 싶은가?

그것이 업무에 대한 것이든 개인적인 일에 대한 것이든 상관이 없다. 뭔가 실현하고 싶은 목적을 생각하면서 이 책을 읽는다면 얻는 것이 훨씬 많을 것이다.

사람을 움직여 하고 싶은 일을 실현한다

뜻한 바를 실현하는데 있어 가장 중요한 것은 다른 사람에게 그 뜻을 설득력 있게 전달하는 능력이다. 인간은 거의 모든 일을 다른 누군가와 함께 한다. 자기 혼자서 할 수 있는 일은 거의 없다.

함께 나아가 주는 사람, 그것을 인정해주는 사람, "좋아, 하자!"라고 말해주는 사람들이 있을 때라야 무엇이든 시작되고 성공할 가능성이 생기는 법이다. 그러기 위해서는 함께 가야 할 사람들에게 자신의 의사를 제대로 전달할 수 있어야 한다.

나의 생각을 설득력 있게 전달하여 다른 사람에게서 동의를 이

끌어내고, 행동을 함께 하게 하기 위해서 논리를 사용한다. 이 책에서 말하는 논리, 즉 로직(logic)은 모두 '하고 싶은 것을 실현하기' 위한 도구이다.

2 '하고 싶은 것을 할 수 있다'는 것은 무엇일까?

예를 들어 도시와 시골, 양쪽에 산다

하고 싶은 것을 실현한다는 것은 무엇인가? 거기서 논리적 사고나 의사 전달력이 어떤 역할을 한다는 것일까?

필자는 도쿄(東京)와 야마나시(山梨) 두 곳에 집이 있어서 양쪽을 오가며 생활하고 있다. 그래서 보통 1년의 3분의 1 정도는 시골에서 지내는 셈이다.

자연의 풍요로운 환경에서 살고 싶다는 생각은 있었지만 일도 일이고 게다가 도시에서만 살아본 사람으로서 시골에 정착하여 산다는 것은 자신이 없었다. 그래서 도시와 시골 양쪽에 걸쳐서 생활할 수도 있지 않을까 하는 생각을 하게 되었는데, 결국 나는 3년 정도의 준비 기간을 거쳐 드디어 그러한 생활을 실현할 수 있게 되었다.

이러한 생활을 하기 위한 조건에는 어떤 것들이 있을까?

언뜻 생각하면 경제력, 즉 돈이 없으면 할 수 없다고 생각할 것이다. 물론 돈이 없다면 아무것도 시작할 수 없지만 그것은 도시에서 보통으로 살아가려 하더라도 마찬가지이다. 그렇다면 거꾸로 돈이 있는 사람이라면 누구나 도시와 농촌을 오가는 이중 생활을 할 수 있을까? 이렇게 생각해 보면 돈이 할 수 있는 역할은 그다지 크지 않다는 것을 금방 알게 될 것이다.

돈을 많이 버는 사람은 대개가 바쁘다. 그리고 큰돈이 되는 일은 도시에 집중되어 있는 것이 지금 세상이다. 그래서 돈이 있는 사람은 보통 돈버는 일 때문에 도시에 구속되어 있어 시골에서 생활할 시간이 거의 없다. 시골 생활을 준비할 시간조차 없을 것이다. 이와 같이 생각하면 돈이 도시와 농촌 생활을 겸하는데 있어 필수 조건은 아니라는 것을 알 수가 있다.

필자의 경험을 돌아 보건대 그러한 생활을 할 수 있게 된 데 있어 커다란 역할을 한 것은 논리적 사고와 의사 전달력(=설득력)이었다. 우선 나는, 왜 이중 생활을 하고 싶은 것인가, 어떤 시골을 선택할 것인가 하는 생각을 필두로 금융 기관을 찾고, 융자를 의뢰하고, 토지나 건물의 계약을 하고, 나아가서는 업무 거래처를 이해시키는 데까지 이중 생활을 이루기 위해서 거쳐야 하는 모든 부분에서 논리적인 사고와 그것에 기초하여 만든 논리적인 메시지(의사 전달력)를 사용하였다.

예를 들어 1주일에 5일을 쉰다

다음으로 필자의 친구를 예로 들어보자.

그는 30대 중반으로 어느 기업에서 한 사업부의 책임을 맡고 있었다. 그가 맡은 사업부는 그 기업의 가장 중요한 부분이었으며, 그는 사업부의 실질적인 경영자로서 사람, 물건, 돈, 정보 등 모든 일에 대해 책임을 지고 있었다.

그는 그 사업에서 어느 정도 성공을 거두게 되자, 다음으로 "자신이 하고 싶은 것은 무엇인가?" 에 대해 생각한 끝에 '지금과 같은 수준의 일은 하자고 들면 1주일 중 2일이면 해낼 수 있을 것' 이라는 생각을 하게 되었다.

자신의 일 가운데 다른 사람도 할 수 있는 일은 다른 사람에게 넘기고, 자신만이 할 수 있는 일만 남기면 1주일에 2일이면 된다는 것을 깨닫게 되었다.

그는 그렇게 해서 얻게된 시간을 이용하여 한편으로는 사생활을 충실하게 하고, 다른 한편으로는 새로운 도전을 준비하고 싶었다. 그래서 그는 이제까지의 일을 정리하고 전혀 다른 일을 시작하게 되었는데, 그의 이야기를 들어보면 그 일은 확실히 2일이면 할 수 있을 것 같았다. 그것은 자신의 일에 대해 완벽하게 파악하고, 다른 사람이 할 수 있는 일과 나 아니면(사업 책임자 외에는) 할 수 없는 일을 구조적 · 논리적으로 판단할 수 있었기에 가능한 일이었다.

불가능해 보이는 일을 이루어낸다

논리적으로 사고해 들어가다 보면 언뜻 보기에 절대로 불가능할 것 같았던 일이 실은 가능하다는 것을 알게 되는 경우가 있다.

그러면 "한번 해볼까" 하는 기분이 솟아나고, 나아가 "어떻게 하면 실현 가능할까?" 하고 그것을 실현시킬 수 있는 조건이나 방법을 구체적으로 생각하게 된다.

그렇게 되면 당신은 그것이 불가능하다고 생각하던 주위 사람을 이해시키고 안심시킬 수 있게 된다. 그렇게 하여 사람들을 이해시킬 수 있게 되면 당신은 "이렇게 하고 싶다"는 것을 실현시킬 수 있는 힘을 갖게 된다.

3 당신의 기획서가 채택되지 않는다면

가장 전하고 싶은 것이 전달되지 않는다

당신이 생각한 기획이나 이야기하고 싶었던 것이 제대로 전달되지 않는다면 그 이유는 어디에 있는 것일까? 딱 잘라서 이야기하자면 전달되지 않는 이유는 다음 세 가지 가운데 하나일 것이다.

① 가장 이야기하고 싶은 것이 무엇인지 자신도 알지 못한다
　→ 메인 메시지가 불명확
② 이야기하고 싶은 것이 도중에 바뀌어버린다
　→ 이슈가 유지되지 않는다
③ 메시지의 적절성을 주장할 근거를 제대로 제시하지 못한다
　→ 키 라인이 부적절하다

'그러고 보니…'하고 마음에 와 닿는 사람도 있겠고, '나는 그렇

지 않아'라고 생각하는 사람도 있을 텐데, 실제로는 자신의 주장이 생각대로 전달되지 않는 사람, 기획이나 제안이 다른 사람에게 생각만큼 받아들여지지 않는 사람은 이 세 가지 가운데 어느 것인가에 해당되는 경우가 많다.

'메인 메시지', '이슈', '키 라인'이 무엇을 의미하는지, 그리고 무엇이 문제인가에 대해서는 이 뒤에 이어지는 1부에서 설명하겠다.

지금까지는 메시지 전달 방법에 대한 학습을 하지 않았다

당신이 이와 같은 '증상' 때문에 다른 사람에게 당신의 생각을 전달하는 힘이 부족하다고 하더라도 그 자체로 열등감을 느낄 필요는 없다.

원래 학교에서는 자신이 생각한 것을 잘 정리하여 상대방에게 적절하게 전달하는데 필요한 교육이 전혀 이루어지지 않았기 때문이다. 최근에 와서야 '종합적인 학습 시간'이라는 것이 도입되어 자신이 조사한 것을 발표하는 학습이 진행되고 있지만(그러나 그것도 아주 최소한으로), 이미 학교를 졸업한 사람들은 자신이 말하고 싶은 것을 정리해서 설득력 있게 전달하는 훈련을 거의 받아보지 못했다. 따라서 자신의 생각을 제대로 전달하지 못하는 것은 당연하다.

사회에 나와서 남이 하는 것을 보고 따라해 보지만 '보고 따라할' 선배도 역시 그런 일에는 서툴기 때문에 큰 도움이 되지 않는다. 그런 만큼 나의 생각을 적절하게 '전하는 힘'을 키우는 것은 그

논리적인 메시지를 만드는 방법은 지금까지 배우지 않았다

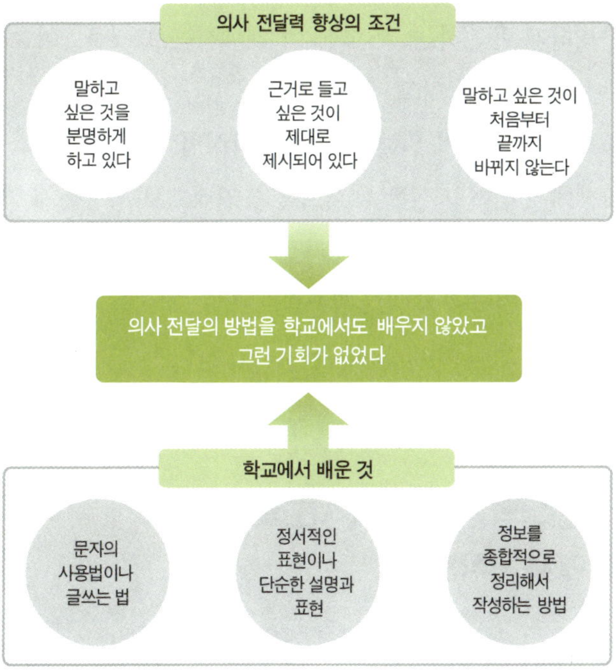

렇게 간단한 일이 아니다. 그러나 올바른 학습 방법과 노력만 있으면 충분히 그 힘을 내 것으로 만들 수 있다.

논리적으로 메시지를 만드는 방법을 배우지 않았다

기획서나 제안서를 작성하는 법, 메시지를 만드는 법이라고 하면 문서 작성법이나 표현 기법에 눈이 가기 쉬운데 실은 그보다 중요한 것이 있다. 그것은 "내가 하고 싶은 말은 도대체 무엇인가"라는 점을 명확히 해서 그것을 문서나 구두 프레젠테이션 동안 계속해서 분명하게 유지하는 것이다. 이 책에서는 그것을 '이슈 정하기'와 '이슈 유지하기'라고 부른다.

의사 전달력을 갖기 위해서는 문서 작성법이나 표현 기법 이전에 상대방에게 전하고 싶은 메시지를 논리적으로 명확하게 만들어 내는 방법을 배울 필요가 있다. 자신의 메시지를 명확하게 만들어야만 표현이나 기법을 제대로 활용할 수 있는 것이다.

4 의사 전달력은 '논리적 사고력'의 단련에서 시작된다

의사 전달력의 다양한 측면

자신이 하고 싶은 것을 남에게 전달하고 타인을 움직이는 힘을 키우기 위해서는 논리가 아닌 다른 방법을 사용할 수도 있다. 예를 들면, 권력이나 완력이 있다. 권력을 배경으로 명령하거나 무력을 배경으로 요구할 경우 자신의 의사를 관철시키는 힘은 분명히 강해진다. 출세를 해서 지위가 높아지면 높아질수록 자신의 뜻대로 사람을 움직일 수 있다고 생각하는 것은 바로 이 때문이다.

혹은 흔히들 이야기하는 '아우라(aura)'와 같은 힘도 있다. 어떤 사람을 보면 뭔가 다른 사람을 위압하는 독특한 분위기를 갖고 있어서 그 사람이 무슨 말을 하면 평범한 이야기라 하더라도 무조건 힘있고 멋있게 들리는 일이 있다.

이러한 힘을 사용하면 확실히 자신의 의사 전달력이 높아지고, 하고 싶은 것을 실현하기도 쉬워진다. 나에게는 권력이나 아우라가 전혀 없다고 생각하는 사람도 있을지 모르겠지만, 보통 사람들도 경우에 따라서 이러한 힘을 사용하여 자신의 '의사 전달력'을 높이는 경우가 있다.

예를 들면, 아이나 아내 앞에서 묘하게 강하고 명령조로 변하는 사람이 있다. 그가 명령조로 변하는 것은 아이나 아내에 대해서 자신이 완력이나 경제력 면에서 이기고 들어간다는 것, 그리고 그것이 의사 전달력을 강하게 할 것이라는 점을 잘 알고 있기 때문이다.

그러나 이와 같은 의미에서의 '의사 전달력'에는 문제가 있다. 이와 같은 방법은 자신에게 권력, 완력, 경제력 등이 갖추어 지지 않으면 사용할 수 없으며, 또 '아우라'와 같은 힘은 익히려고 해서 익혀지는 것도 아니기 때문이다.

'논리적 사고력'은 자신의 생각에 자신감을 부여한다

그것에 비해 논리적 사고력에 기초한 의사 전달력은 특별한 사람이 아니어도 충분히 나의 것으로 만들 수가 있다. 또한 동시에 논리적 사고력에 기초한 의사 전달력은 상대방이 이해하고, 납득하고, 공감한 위에서 움직이게 하는 힘이기 때문에 권력이나 완력을 배경으로 하는 경우와는 달리 상대방을 자발적으로 움직이게 하는 힘을 갖고 있다. 이것이 논리적 사고력에 기반한 의사 전달력의 커다란 강점이다.

그리고 그것 이상의 커다란 강점은 나 자신이 스스로 나 자신의 생각에 확신을 가질 수 있게 된다는 점이다. 남을 설득할 수 있을 정도로 알기 쉽고 힘이 있는 논리는 다른 사람 이상으로 나 자신에게 큰 호소력을 갖는다. 사실 논리적으로 의사 전달을 하는 최대의 강점은 자신의 생각에 자신감을 가질 수 있게 된다는 점이다.

이것은 다른 사람을 움직이기 전에 먼저 나 자신을 움직인다. 즉, '하자'고 하는 의지가 강해지고, 할 수 있다는 자신감이 생긴다.

논리적 사고에 기초한 의사 전달력을 단련하면 '하고 싶은 것을 할 수 있게 된다'고 이야기한 것도 이 점과 무관하지 않다.

5 이 책의 특징과 구성

GMS에서의 강의 경험을 기초로 집필되었다

이 책의 가장 큰 특징은 필자가 실제로 매일 매일 논리적 사고에 대한 강의를 하면서 얻은 지식을 바탕으로 썼다는데 있다.

컨설턴트를 직업으로 하는 사람들 중에는 논리적인 사고를 잘 하고 있고, 그 중에는 필자보다도 더 치밀하게 논리적인 사고를 구사하는 사람이 얼마든지 있다.

그러나 그것은 어디까지나 '스스로 할 수 있다'는 점에서 잘 한다는 것이지, '남에게 그것을 잘 전달하고, 잘 가르칠 수 있다'는 것을 의미하는 것은 아니다. 선수로서 뛰어난 사람이 은퇴한 뒤에 반드시 좋은 코치나 감독이 될 수 있는 것은 아니지 않는가.

필자가 가르치고 있는 '글로비스 매니지먼트 스쿨(Globis Management School : GMS)'은 민간 기업이 경영하는 '비즈니스 스쿨'로 도쿄와 오사카에 소재하며, 매년 수천 명의 비즈니스맨들이 이곳에서 경영을 배우고 있다.

필자는 GMS의 사고 분야(Thinking Department) 과목으로 인기가 있는 '크리티컬 씽킹(Critical Thinking)' 클래스를 담당하고 있으며, 몇 년에 걸친 강의 경험을 통해 비즈니스맨의 논리적 사고를 훈련하는 과정에 일반적으로 필요한 것이 무엇인지에 대한 많은 경험적 지식을 얻을 수 있었다.

이 책은 그 경험을 기초로 하여 GMS에서의 교육 내용과는 별도로 의사 전달력을 향상시킬 수 있는 방법을 소개한 것이다. 어떻게든 비즈니스맨의 논리적 사고력과 실천의 힘을 향상시키고 싶다는 생각에서 이 책을 집필하게 되었다.

수강생들의 실제 답안지에 근거해서 집필되었다

이 책은 비즈니스맨들 가운데 수강생을 모집해 필자가 문제를 내고 그들이 답한 내용을 기초로 하여 다시 필자가 강평을 하는 형식으로 작성했다. 따라서 과제를 풀 때 빠지기 쉬운 잘못이 실제처럼 제시되어 있으며, 독자들은 마치 자신이 첨삭 지도를 받고 있는 것 같은 상황을 가상 체험할 수 있을 것이다.

머리로 생각하고 메모지에 써가면서 읽기 바란다

이 책을 읽을 때는 그냥 읽지 말고 실제로 문제를 생각하고 풀어 보면서 읽어 가기를 바란다. 문제를 풀 때도 머리 속에서만 생각할 것이 아니라 직접 손을 움직여 보고, 메모한 종이를 테이블에 붙여 가면서 생각해 보라.

이 책에서 다루는 '피라미드 구조'를 익히려면 피라미드를 구성하는 개개의 메모 상자에 있는 각각의 문장을 서로 다른 메모지에 따로따로 기록하여 직접 피라미드를 만들어 보는 연습을 해 보아야 한다. 어찌되었든 우선은 메모지를 사용하여 도전해보기 바란다. 그것이 힘을 키우는 가장 확실한 방법이다.

PC를 사용하는 경우라면 워드나 파워포인트가 아니라 엑셀을 사용하는 것이 좋다. 엑셀의 경우 용지의 크기에 제한이 없기 때문에 무한대 사이즈의 워크 시트 위에 자유롭게 피라미드를 마음껏 만들 수가 있다. 전체를 보고 싶을 때는 축소 표시로 하면 되고, 완성판을 출력할 때도 A4, B5 등 적당한 사이즈로 맞추어 출력하면 된다.

어느 쪽이든 단지 읽는 것만으로는 힘을 키울 수가 없다. 꼭 본인의 눈과 손을 사용하여 익혀가기 바란다.

1부에서는 논리적으로 나의 생각을 전달하는데 필요한 기초 사항을 강의 형식으로 배운다. 도대체 의사 전달력은 어떤 구조에서 발생하는 것인지, 그리고 그것을 실행에 옮기는 순서는 어떠해야 하는지를 설명하도록 한다.

논리적인 설득과 그렇지 않은 설득의 차이를 아는 것이 첫걸음이다. 이어서 어떤 순서를 밟아가야 논리적인 설득의 구조를 스스로 만들 수 있게 될까? 그 순서를 먼저 머리 속에 그려보기 바란다.

머리 속에 그리는 것만으로는 부족할 것이기 때문에 2부에서는 직접 연습해 볼 수 있도록 준비되어 있는데 1부에서 이슈, 서브 이슈, 키 라인 등의 기본적인 용어를 잘 익혀 두어야만 연습 문제를 잘 풀 수가 있다. 반드시 정독할 것을 권한다.

기초편

나의 생각을 논리적 사고로 정리하여 전하기

제1부

Logical Communication + Persuasive Presentation

01 설득력 있는 메시지에는 이유가 있다

1 '이슈'가 특정되어 있는가?

'이슈'는 '문제'나 '과제'와 다르다

논리적 사고의 출발점이자 가장 중요한 것은 '이슈'이다. 많은 경우 이슈를 계속 유지하는 것만 잘 해도 논리적 사고와 의사 전달력은 상당한 수준에 이르게 된다. 거꾸로 말하자면 이슈를 특정하고 그것을 계속 유지하는 일이 그만큼 어렵다는 것이다.

이슈란 '지금 생각해야만 하는 것'을 가리킨다. 통상 우리나라에서는 이슈를 '문제'나 '과제', 또 회의석상인 경우에는 '의제'라고 부르는 일이 많다. 그러나 이슈와 문제 · 과제, 혹은 의제는 비슷한 것 같으면서도 서로 의미가 다르다.

지금의 '이슈'는 차세대 정보 시스템의 컨셉이다.
지금의 '문제'는 차세대 정보 시스템의 컨셉이다.

이 두 개의 문장에서 '이슈'와 '문제'는 그 의미에서 어떤 차이가 있다고 생각하는가? 양자를 말을 바꾸어 표현하면 다음과 같다.

차세대 정보 시스템의 컨셉에 대해 생각하고 있다.
차세대 정보 시스템의 컨셉을 문제로 삼고 있다.

앞의 문장은 단지 컨셉에 대해 검토하고 있다는 의미만을 담고 있는데 반해, 뒤의 문장은 제시되어 있는 새로운 컨셉에 뭔가 문제가 있어 그것을 어떻게든 해결하기 위하여 생각을 하고 있다는 의미가 들어가 있다.

'문제'라는 말에는 뭔가 중대한 실수나 실패와 같은 의미가 있기 때문에 그러한 의미로 이해하게 되면 지금은 생각하고 싶지 않다는 마음이 들게 될 수도 있다. 그에 비해 '이슈'라는 말에는 그러한 잘잘못에 대한 판단이 들어가지 않으며, 오직 지금 생각해 보아야 할 것 같은 대상이라는 느낌을 준다.

이슈는 의문문 형식으로 정리한다

일반적으로 이슈는 "○○는 xx인가?" 하는 의문문 형식을 취한

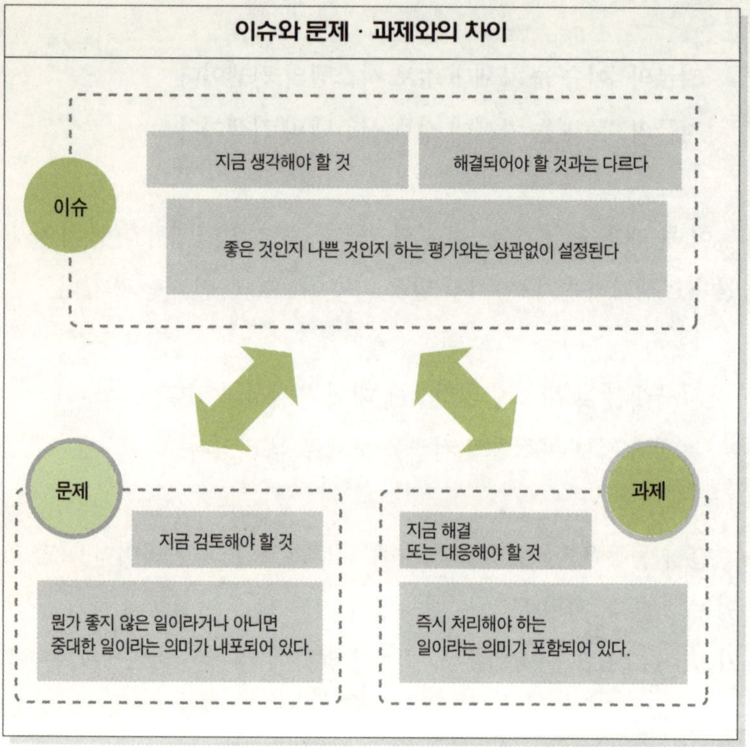

이슈와 문제 · 과제와의 차이
이슈
지금 생각해야 할 것
해결되어야 할 것과는 다르다
좋은 것인지 나쁜 것인지 하는 평가와는 상관없이 설정된다
문제
지금 검토해야 할 것
뭔가 좋지 않은 일이라거나 아니면
중대한 일이라는 의미가 내포되어 있다.
과제
지금 해결
또는 대응해야 할 것
즉시 처리해야 하는
일이라는 의미가 포함되어 있다.

다. 앞의 예를 가지고 본다면 다음과 같이 되어 있는데 의문문 형식이 아니다.

지금의 '이슈' 는 차세대 정보 시스템의 컨셉이다.

이것은 이슈로서는 아직 덜 익은 표현으로서 이슈의 내용이 약간 불명확한 채 남아 있다고 할 수 있다. 그것보다는 다음과 같이 표현한다면 '지금 무엇에 대해 생각해야 하는가?'가 명확해진다.

차세대 정보 시스템의 컨셉은 어떠한 것이어야 하는가?
차세대 정보 시스템의 컨셉을 어떠한 방법으로 만들면 좋을까?

이슈가 명확해진 단계에서 무엇에 대해 생각하면 좋을까? 그리고 그 결과는 어떠한 내용으로 되어야 하는가가 분명하게 되면 이후의 생각을 풀어가기가 쉬워진다.

하지만 이슈라는 말이 언제나 위와 같은 의미로만 사용되는 것은 아니다. 여타의 논리적 사고에 관한 책들을 보아도 이슈는 여러 가지 다양한 의미로 사용되고 있다는 것을 알 수가 있다.

그렇다 하더라도 기본적으로는 '지금 생각해 보아야 할 것', '지금 화제가 되고 있는 것', '지금 문제가 되어 있는 것' 등의 범위를 크게 벗어나지는 않는다. 여기서는 다만 'oo는 xx인가?'와 같은 의문문 형식으로 표현하면 이슈를 더 명확하고 쉽게 표현할 수 있다는 점을 알아두도록 하자.

설정한 이슈에서 벗어나지 않고 유지하기

이슈가 확정된 다음에 중요한 것은 일단 잡은 이슈는 놓치지 않고 마지막까지 유지해야 한다는 것이다. 논리적 사고를 배우는 과정에 있는 수강생들을 보면 그들이 가장 자주 하는 실수가 이슈를 중간에 놓쳐버리는 것을 알 수 있다. 예를 들어, 처음 시작할 때에는 다음과 같은 생각이었다.

차세대 정보 시스템의 컨셉은 어떠해야 하는가?

그런데 생각을 전개하는 도중에 슬그머니 다음과 같이 바뀌어 버리는 일이 종종 일어난다.

체세대 정보 시스템의 컨셉을 어떻게 만들면 좋을까?

양자의 차이를 알기는 아는 건지 의심스러울 때조차 있다. 양자의 차이를 아예 모르고 있을 경우에는 이슈가 변했다는 사실 자체를 받아들이려 하지 않을 것이다.

양자의 차이는 앞의 것이 컨셉의 '내용'을 생각하자는 것인데 반해, 뒤의 것은 컨셉을 '만드는 방법'에 대해 생각하자는 것이다. 일반적으로 이슈 변경의 오류를 범하지 않을 것이라고 자신할지 모르겠지만, 그렇게 자신하던 사람들도 의외로 이러한 오류를 잘 범하기 때문에 조심해야 한다.

'내용'에 대해 생각하는 과정 속에서 뭔가 더 참신한 내용을 생각해 내기 위해서는 이제까지의 컨셉 만들기 방법만으로는 안되겠다는 느낌이 들어 자기도 모르게 컨셉을 만드는 방법에 대해 고민하는 식으로 이슈가 변해 버리는 것이다. 지금 생각해야 할 것이 '컨셉의 내용'인가, 아니면 '컨셉을 만드는 방법'인가 하는 점을 잘 판단하여 결정하는 것이 이슈를 끝까지 유지하는 데 필요한 첫걸음이다.

2 '메인 메시지'는 분명한가?

이슈에 대한 결론이 메인 메시지

이슈가 정해지면 결론의 모양새가 보인다.

차세대 정보 시스템의 컨셉은 어떠한 것이어야 하는가?

만약 이것이 이슈였다면 그에 대해 생각해 본 결과 다음과 같은 모양으로 결론이 나올 것이다.

차세대 정보 시스템의 컨셉은 ○○이어야 한다.

이 결론이 바로 당신이 말하고 싶은 내용의 핵심이다.

이렇게 이슈에 대해 생각한 결과로서 도출된 메시지(나의 주장)를 메인 메시지라고 한다.

여기서 중요한 것은 메인 메시지는 "xx는 ○○이다" 혹은 "xx는 ○○이어야 한다"처럼 반드시 '주어 + 술어'의 형식을 취한 단언적 문장으로 표현해야 한다. 의문문 형식으로 작성되는 이슈와 그것에 대해 생각한 결과물인 메인 메시지의 이러한 관계를 정확하게 이해하기 바란다.

이슈와 메인 메시지를 이러한 형식으로 분명하게 정리하는 것은 나의 생각을 펼치는데 필요한 최소한의 조건이다. 예를 들어, 메인 메시지가 다음과 같은 식으로 되어 있다면, 일단 형식은 '~이다'라고 끝나기 때문에 적절한 표현으로 볼 수도 있다.

당사는 신규 사업에 진출해야 할까, 의문이다.

그러나 '의문'이라는 말 때문에 사실은 '~인가?'로 끝난 것과 다르지가 않다. 이것은 메인 메시지로서 적절한 표현 방식이 아니니다.

메인 메시지가 발견되는 시점은 언제인가?

다음으로 메인 메시지는 언제 발견되는 것일까? 이슈가 결정된 시점에 메인 메시지 역시 거의 확정되는 경우도 있고, 그렇지 않은 경우도 있다.

메인 메시지가 간단히 발견되는 경우는 결론이 먼저 나와 있는 상태에서 그것을 뒷받침해줄 합리적인 근거만 찾아내면 되는 때와 같은 경우이다.

예를 들어, 사전에 이미 상당한 기초 조사가 되어 있기 때문에 거기에서 나온 정보를 보면 "우리 회사는 A사업에 진출해야 한다"는 결론이 이미 나와 있다. 단 이것을 사람들에게 설득력 있게 전달하려면 그 이유를 무엇이라고 이야기하는 것이 가장 좋을까 하고 고민하고 있는 경우다. 또는 상사로부터 "검토중인 신형 기계의 개발에 본격적으로 나서고 싶은데, 그 전에 이사회에 잘 설명하여 승인을 받을 수 있도록 문서를 만들어 달라"는 식의 요청을 받았을 때도 역시 이와 같은 경우일 것이다.

이처럼 결론이 대략 나와 있는 경우에는 이 책에서 앞으로 해설할 예정인, 생각을 잘 전달할 수 있는 논리 전개의 방법을 숙지하는 것이 큰 도움이 될 것이다.

한편, 결론이 나오기 위해서는 아직 상세한 검토를 더 해 보아야 하는 경우도 있는데, 이 때에는 이슈를 상세히 검토하는 과정을 밟아 볼 필요가 있다.

이슈를 축으로 하여 무엇을 이미 알고 있고, 그 알고 있는 것은 어떠한 의미를 갖는지를 분석하고, 그러한 분석에 기초하여 대략 결론의 윤곽이 잡히는 단계에 이르면 이 책에서 설명하는 의사 전달력(메시지를 만들고 전달하는 힘)을 사용하면 좋다.

하지만 실제 메시지를 작성하는 과정에서는 대략적인 이슈와 대략적인 메인 메시지가 결정되어 있는 상태에서 생각을 진전시켜 가다가 이슈와 메시지의 내용이나 방향이 미묘하게 변해갈 가능성이 있다. 예를 들면, 다음과 같다.

차세대 정보 시스템의 컨셉은 어떠한 것이어야 하는가?

차세대 정보 시스템의 컨셉을 어떻게 만들면 좋을까?

이러한 두 개의 이슈 가운데 어느 한 쪽으로 일단 방향을 잡아 사고를 전개하다가 중간에 다시 돌아와 다른 한 쪽이 더 적절하다고 확신을 갖게 된 단계에서 이슈와 메인 메시지를 바꾸어 다시 정리하여 결정되는 경우가 많다는 것이다.

익숙해질수록 이슈와 메인 메시지를 결정하는 시점이 빨라지는데, 처음에는 당황해하지 말고 어느 한 쪽을 잠정적으로 선택하여 사고를 진행하다가 도중에 적당한 시점에서 완전한 결정을 해버릴 요량으로 느긋하게 진행하는 것이 좋다.

3 설정한 메인 메시지의 근거는 구조화되어 있는가?

메인 메시지의 근거는 키 라인

이슈와 메인 메시지가 정해지면 그 다음에는 어떻게 하면 메인 메시지에 근거를 부여할지 그 근거가 될 기둥을 정한다. 이 근거들이 메시지의 주장을 제대로 밑받침할 때 메인 메시지는 많은 사람들에게 설득력을 가질 수 있게 된다. 이처럼 근거를 제시하는 문장을 '키 라인 메시지'라고 한다.

건물에 비유하자면, 메인 메시지가 천장에 해당한다면 그 천장을 밑에서 받쳐주는 기둥 역할을 하는 것이 키 라인이다. 키 라인이 천장을 제대로 받치고 있는가? 즉 '키 라인' 하나 하나가 각각 메인 메시지의 근거로서 설득력이 높은가, 어떤가가 메시지의 의사 전달력을 결정한다.

키 라인은 5개 이내가 좋다

이슈와 메인 메시지에 형식적인 요건이 있었듯이 키 라인에도 형식적인 요건이 있다.

키 라인은 하나의 메인 메시지에 대해 통상 다섯 개 이내로 하는 것이 바람직하다. 많은 컨설턴트들의 경우 실제로는 세 개로 정리하려고 하는데, 물론 언제나 세 개로 정리될 수 있는 것은 아니다. 대략 세 개에서 다섯 개 많아야 여섯 개를 넘지 않는 것이 좋다. 메인 메시지를 밑받침하는데 그 이상의 키 라인이 필요하다면 어딘가 문제가 있다고 보는 것이 좋다.

이처럼 키 라인에 셋에서 다섯이라는 수적인 제한을 두는 것은 괜히 까다롭게 하자는 것이 아니라 인간의 기억력 특성과 관계가 있다.

사람들에게 10개 정도의 단어나 그림을 수십 초 동안 보여 준 후 그것을 가리고 본 것을 말하라고 하면 대개 일곱 개 이상을 기억해 내지 못한다고 한다. 이 경우는 일부러 외우려고 했을 때의 이야기이고, 그냥 무심히 보고 있었을 때에는 그 수치가 더 내려간다. 바로 그 수치를 고려하여 적절한 키 라인의 개수를 결정한 것이다.

근거를 제시하는 문장(키 라인)이 한 개나 둘 뿐이라면 아직 자기의 주장을 밑받침할 근거에 대한 검토가 부족한 것 같은 느낌을 준다. 그렇다고 해서 그 수를 10개로 한 경우에는 사람들이 그것을 모두 기억하기 어렵고, 오히려 혼란을 줄 수 있기 때문에 설득력이 떨어진다.

논리는 피라미드 구조로 완성한다

키 라인 메시지는 자동적으로 만들어져 나오는 것이 아니라 그것을 받쳐주는 하부 메시지(사실이나 지식)로부터 "그래서 어쨌다는

피라미드 구조를 만드는 순서

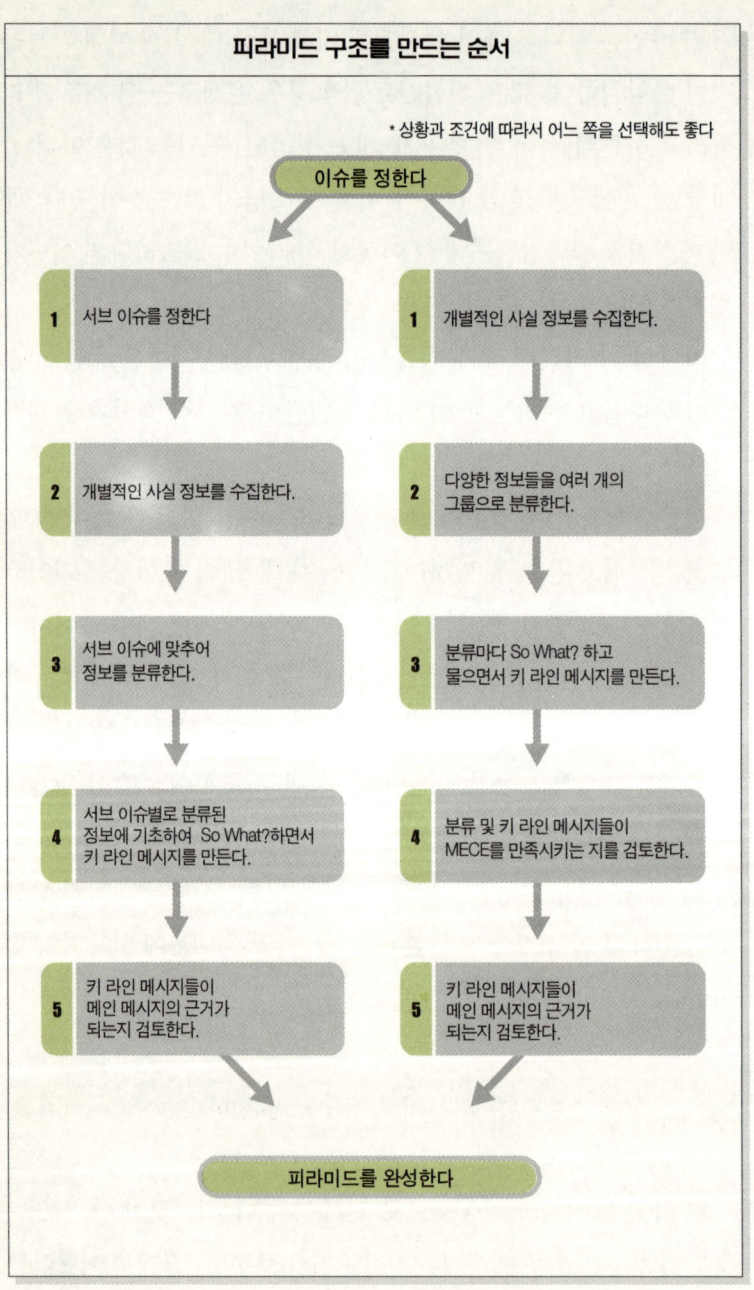

* 상황과 조건에 따라서 어느 쪽을 선택해도 좋다

이슈를 정한다

1. 서브 이슈를 정한다
2. 개별적인 사실 정보를 수집한다.
3. 서브 이슈에 맞추어 정보를 분류한다.
4. 서브 이슈별로 분류된 정보에 기초하여 So What?하면서 키 라인 메시지를 만든다.
5. 키 라인 메시지들이 메인 메시지의 근거가 되는지 검토한다.

1. 개별적인 사실 정보를 수집한다.
2. 다양한 정보들을 여러 개의 그룹으로 분류한다.
3. 분류마다 So What? 하고 물으면서 키 라인 메시지를 만든다.
4. 분류 및 키 라인 메시지들이 MECE를 만족시키는 지를 검토한다.
5. 키 라인 메시지들이 메인 메시지의 근거가 되는지 검토한다.

피라미드를 완성한다

것인가?(So What?)" 라는 질문을 반복하는 과정에서 추출되는 것이다.

이와 같은 "그래서 어쨌다는 것인가?(So What?)" 라는 사고야말로 의사 전달력의 핵심이 되는 사고법인데, 이에 대해서는 다음 장에서 설명하기로 한다.

전체의 흐름을 보면 '이슈 → 메인 메시지 → 키 라인 메시지' 순서로 프로세스가 진행되면서 메시지가 완성된다. 이러한 메시지의 구조를 피라미드 모양의 그림으로 정리한 것이 피라미드 구조이다. 이러한 모양으로 정리해 보면 자신의 사고가 적절한지 아닌지를 발견하기가 쉽다. 메시지의 구조가 피라미드 형태로 잘 만들어졌을 때 의사 전달력의 골격이 완성된 것이라고 할 수 있다.

4 피라미드 구조를 설득력 있게 표현하기

피라미드는 다양한 표현을 위한 설계도

피라미드 구조를 이용하여 논리를 구성하는 이점은 두 가지가 있다. 하나는 피라미드를 보면서 자신이 설정한 논리의 적합 여부를 체크할 수 있다는 점이고, 다른 하나는 완성된 피라미드를 사용하면 다양한 방향으로 자유롭게 표현을 전개할 수 있다는 점이다.

문서로 정리한 제안서 형식, 파워포인트를 이용한 슬라이드 형

피라미드에서 벗어나지 않는 표현 형식

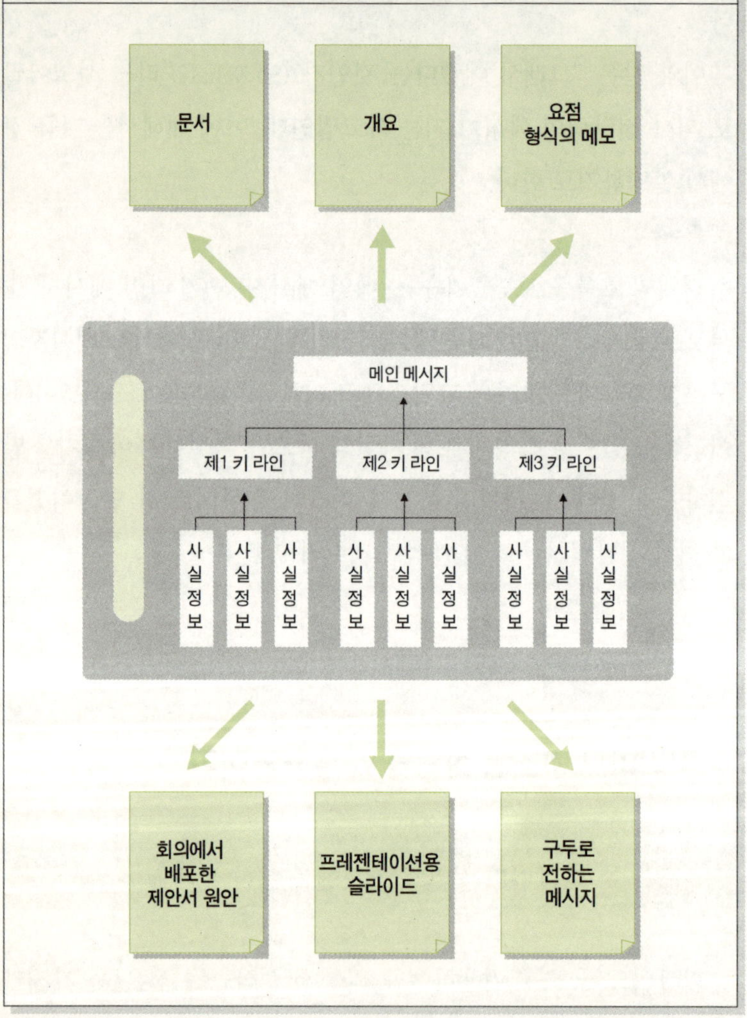

식, A4 용지 1장에 들어가는 개요(Summary) 형식 등 다양한 표현이 가능하다.

피라미드에서 벗어나지 않게 표현한다

피라미드 구조에 따른 표현을 하는데 있어 주의해야 할 것은 이미 만들어 놓은 피라미드에 충실해야 한다는 것이다. 피라미드는 애써서 잘 만들어 놓고도 고객에게 가져가는 제안서에는 피라미드에 들어 있던 키 라인이 빠져 있든가, 혹은 피라미드에 들어있지 않던 키 라인이 들어가 있든가 하는 일을 드물지 않게 볼 수가 있다.

탄탄한 피라미드를 만들고, 그것에 기초하여 표현을 전개하는 능력이야말로 의사 전달력 그 자체라고 할 수 있다.

5 시간과 노력의 70%를 논리 구성에 투자하라

피라미드 작성에 70%의 시간을 사용하라

당신은 제안서나 프레젠테이션을 작성할 때 어떤 일에 얼마만큼의 시간을 사용하고 있는가?

겉모양을 보기 좋게 하려는 생각에서 문장이나 도표 다듬기에 대부분의 시간을 사용하고 있지는 않은가?

그러나 의사 전달력이 강한 메시지를 만들기 위해서는 무엇보다도 먼저 논리, 특히 피라미드를 세우는 데까지 충분한 시간을 투입해야 한다는 점을 명심하기 바란다. 피라미드를 완성하는 데까지 전체의 70%의 시간을 사용하겠다는 생각으로 작업을 하자.

표현에는 30%의 시간만 사용한다

그렇게 작업을 한다면 피라미드가 완성되고 나서 문서 작성이나 프레젠테이션 자료 작성, 혹은 구두 메시지를 만드는데 사용할 수 있는 시간은 전체의 30%밖에 남지 않는다.

그것은 너무 적은 시간이 아니냐는 생각이 들지도 모르겠지만, 사전에 논리가 적절하게 구성되어 있다면 표현은 그것을 보면서 피라미드 그림대로 문장화, 도표화 하면 되기 때문에 막힘 없이 작업을 할 수 있다. 거꾸로 이야기하면 그렇게 할 수 있는 수준까지 피라미드의 완성도를 높여 놓아야 한다는 것이다.

정보 수집과 논리 구성은 동시에 진행하라

그러면 70%의 시간 중에서 특히 정보 수집에 투입하는 시간은 어느 정도로 하는 것이 좋을지 생각해 보자. 메시지의 주제가 자신이 그때까지 해오던 분야의 것인지 아니면 새로운 분야의 업무에 관한 것인지에 따라 그 비중이 달라질 터인데, 대략 정보 수집에 투입하는 시간은 아무리 많아도 30% 정도를 넘지 않도록 해야 한다.

실제로 메시지를 작성할 때에는 어느 정도 수집해 놓은 정보를 기본으로 하여 키 라인을 구상하는 것이 좋다. 그리고 이미 수집해 놓은 정보에서 도출한 키 라인만으로는 설득력이 떨어진다고 판단될 경우에는 새롭게 정보를 수집해야 하며, 그것으로 키 라인을 보강하면서 피라미드를 완성해 가야 한다.

피라미드 구조에 관한 책에는 종종 '수집한 정보를 그룹핑하여 피라미드로 한다'고 되어 있는데, 실제 작업을 해보면 사전에 모든 정보를 충분히 수집해 놓고 작업에 들어간다는 것은 참으로 어려운 일이다.

때문에 논리의 틀을 구성하다가 부족하다 싶은 정보를 다시 모으고, 거기에서 다시 논리를 강화해 가는 과정을 여러 차례 반복하면서 작업을 진행해야 한다.

이 때 중요한 것은, 이러한 정보 수집과 논리 구상을 반복하는 과정 속에서 "이것은 좋은 메시지다"라는 판단이 들었다고 해서 서둘러 원고로 완성하려 하지 말라는 것이다. 멋있는 아이디어가 떠올랐다고 해도 먼저 이슈로 돌아와 메인 메시지를 재확인하고, 발견한 아이디어가 피라미드 속에 어떻게 배치되어야 할 것인지를 생각해야 한다. 이와 같이 신중한 태도가 설득력을 강화하는 기반이 된다.

6 문장 표현은 좀 거칠어도 좋다

보기 좋은 문장에 집착하지 마라

피라미드가 완성되면 원고(혹은 프레젠테이션이나 개요)를 작성할 차례인데, 글 쓰는 것에 두려움을 갖고 있는 사람들이 의외로 많다. 이런 사람들은 긴장을 풀고, "글은 잘 못 써도 좋다"라고 생각을 고

쳐먹기 바란다.

도대체 잘 쓴 글이란 무엇일까? 이에 대한 정의는 간단치가 않다. 그러나 '의사 전달력이 있는 메시지란 무엇일까?'에 대한 답은 그리 어렵지가 않다. 그것은 곧 자신이 만든 논리가 그대로 글로 전환되어 있어서 무엇을 주장하고자 하는지가 명료하게 나타나 있는 메시지이다.

다시 말하면 무슨 말을 하고 싶은 것인가, 어떠한 근거 위에서 그러한 주장을 펴고 있는가를 바로 알아 볼 수 있게 해 주는 원고나 프레젠테이션이 이상적이다.

'생각의 과정'만을 옮겨 놓은 것은 '논리적인 글'이 아니다

'자신이 만든 논리가 그대로 글로 전환되어 있는' 것이 중요하다고 했는데, 이 말이 의미하는 바는 어디까지나 원고(혹은 프레젠테이션)를 내가 만든 피라미드에 근거해서 충실하게 작성한다는 것을 의미하는 것이다.

피라미드는 '내가 생각해온 과정'을 순서에 따라 써 놓은 것이 아니다. '논리적'이라는 말을 '줄거리가 통한다'라는 뜻으로 이해하여 자신의 사고의 흐름을 단순하게 순서대로 작성해 놓은 경우를 볼 수 있는데, 이것은 기록으로서의 가치는 있을지 몰라도 논리적인 원고라고는 할 수 없다.

이 양자는 처음에는 잘 구분할 수 없을지 몰라도 실제로 해보면 무슨 차이가 있는지 금방 알게 될 것이다.

검토의 최종 결과에서 보면 처음에는 필요하다고 생각했지만 나중에 보니 필요가 없겠다고 판단되는 부분이 나온다. 또 처음에는 그다지 중요하지 않다고 생각했는데, 나중에 매우 중요하다는 사실을 알게되는 부분도 나온다.

이런 경우에는 불필요하다고 판단된 부분을 제외하고, 결과적으로 중요하다고 판단된 부분만이 키 라인으로서 확실하게 드러나도록 작성한 원고(프레젠테이션 등)가 '논리적인 글'이라 할 것이다.

논리적 구성이 뒷받침되지 않는 문장력은 공허하다

한편 글 쓰는 것을 전혀 어려워하지 않는 사람들이 있다. 그러나 이런 사람일수록 주의할 필요가 있다. 필력이 있기 때문에 논리가 없는 글조차 다양한 레토릭(rhetoric)을 사용하여 쉽게 읽히도록 작성할 수 있기 때문이다.

이렇게 작성된 '잘 쓴 글'은 대부분의 경우 '그다지 잘 쓰지는 못했지만 잘 만들어진 논리에 충실하게 작성된 글'보다 결과가 좋지 않다.

글 자체로서는 부드럽게 읽히기 때문에 작성한 사람이나 읽는 사람이나 문제를 지적하기 어려운데다가 어쨌건 열심히 쓴 글을 놓고 이래라 저래라 할 것이 없겠다는 생각에 '대충 알겠다'는 정도까지는 간다. 그러나 그런 글은 이슈가 명확하게 드러나지 않기 때문에 실질적으로 검토의 단계에까지 넘어가지 못한 채 버려지기 십상이다. 사람들이 대충 글을 읽고 나서는 "그러면 다음 건으로 넘어가자" 는 식으로 화제를 바꾸어 버리기 때문이다.

자신은 글쓰기가 특기인데도 왠지 헛손질을 많이 하고 있다는 생각이 들 경우 자신의 그러한 장점이 좋지 않은 결과로 이어지고 있지는 않은지 돌아보기 바란다.

잘 쓴 글이지만 강력한 메시지로 연결되지 않는 글이 많다. 스스로 글을 잘 쓴다고 생각하는 사람이야말로 초심으로 돌아가서 다시 시작하기 바란다.

MECE란?

"어떤 사항과 개념을 중복 없이, 그리고 누락 없는 부분 집합으로 전체를 파악하는 것"

Mutually Exclusive and Collectively Exhaustive
(서로 중복 없이) (누락된 것이 없다)

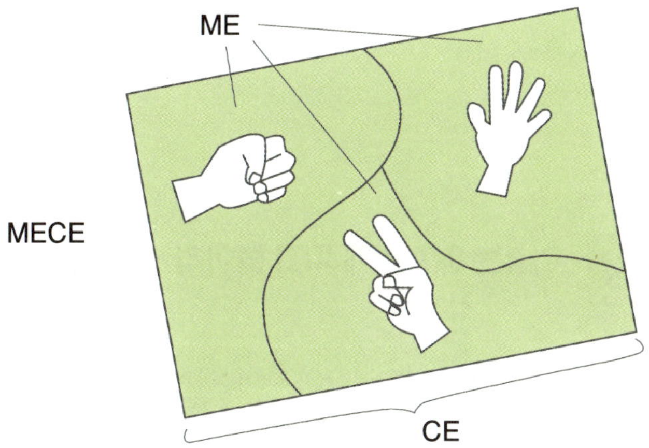

세계 최고 수준의 경영 컨설팅 회사 맥킨지에서 개발한 업무해결 및 커뮤니케이션 핵심 기법. 맥킨지 컨설턴트들이 이 기법으로 전문가적 사고 방식을 훈련한다.

Mutually Exclusive는 서로 중복되지 않는, 상호 배타적인 것을 찾아내는 것이고 Collectively Exhaustive는 그렇게 찾아낸 것들을 다 합치면 문제점 전체가 파악되어야 한다는 의미다. MECE 사고방식은 어떤 과제와 개념을 전체집합으로 보고 그것을 누락이나 중복, 착오가 없는 부분집합으로 나누어 생각하는 것이다.

MECE는 상대방에게 자신의 입장을 밝히고 자신의 논의의 장으로 상대방을 끌어들이기 쉽도록 하는 기술이다.

맥킨지에서는 이 MECE와 함께 이야기의 비약을 막는 'So What (그래서)'과 'Why So (왜 그런데)' 등을 문제 해결과 커뮤니케이션의 핵심기술로 삼는다.

02 의사 전달력 향상 프로세스

step 1 이슈는 철저하게 파고 들어라

후보로 떠오른 이슈들간의 차이점을 분석하라

1장에서 이슈란 '지금 생각하는 것', '생각해야 할 것'이며, 대개는 "○○은 xx인가?"라는 의문문 형식을 취한다고 이야기했다.

실제 작업을 할 때에는 이슈를 처음부터 완전하게 설정하고 출발하는 것이 어려운 때도 있다. 그럴 때에는 무리하게 처음부터 이슈를 완전하게 정하려 하지말고 대략적으로 가정한 이슈를 정한 다음 거기서 출발해 나가면서 중간쯤 진행되었을 때 이슈를 완전하게 정하는 것을 목표로 하는 것이 좋다. 이 장에서는 1장에서 이야기한 '의사 전달력이 있는 사고 방식'을 실행하는 방식에 대해 설명하도록 하겠다.

대략적인 이슈를 정한 상태에서는 서둘러서 메인 메시지를 작성하거나 근거를 잡으려 하지 말고 이슈 자체를 좀 더 깊이 검토하는 시간을 가져야 한다. 지금 상정되어 있는 이슈나 후보선상에 올라 있는 이슈들 가운데서 사용되는 단어 등의 의미를 분석하는 것이다. 1장에서 분석했듯이 다음과 같은 이슈들이 서로 어떤 차이가 있는지 한 마디로 표현할 수 있도록 잘 생각해 보는 것이 첫걸음이다(이미 1장에서 설명한 적이 있지만, 사실 한 마디로 정의하기는 어렵다).

차세대 정보 시스템의 컨셉은 어떤 것이어야 하는가?
차세대 정보 시스템의 컨셉을 어떤 방식으로 만들면 좋은가?
차세대 정보 시스템의 컨셉은 누가 수립해야 하는가?

이슈의 의미는 가능한 한 세밀하게 검토하라

이제 이슈에 사용되고 있는 개념들을 더 상세하게 검토하기 위하여 예를 하나 들어 보자.

상황 당신은 어느 중견 회사의 영업 기획 부서에서 일하고 있다. 이 회사는 상사(商社)이기 때문에 영업 기획 부서가 사실상 회사 전반의 경영 기획을 담당하고 있다.

어느 날 영업부장이 다가와서 "향후 회사의 방향성에 대해 고민을 해서 정리해 주기 바란다"는 주문을 했다. 경쟁사인 B사가 나날이 성장하고 있어서 이대로 가면 5년 내 순위가 뒤바뀔 거라는 이야기였다.

부장과 간단히 현 상황에 대해 의견을 교환한 다음 "알겠습니다"라고 대답한 후 당신은 다음과 같은 이슈를 설정했다.

이슈 1 우리 회사의 향후 방향성은?

이러한 내용은 영업부장의 지시를 그대로 따른 것이고, 또 지금은 일단 지시받은 사항을 그대로 검토하는 것이 순서일 듯하므로 이대로도 괜찮은 것 같다. 그러나 이 이슈에서는 '방향성'이라는 말의 의미가 막연한 것이 어딘가 부족함을 느끼게 한다. 이와 같이 이슈에 막연한 개념이 사용될 때는 주의해야 하며 그 의미가 무엇인지를 좀 더 파고들어 보아야 한다.

여기서 '방향성'이란 말을 문제삼는 것은 그것이 비논리적이어서가 아니라 그 내용이 모호하여 여러 가지 의미로 사용될 수 있기 때문이다.

그렇다면 이 '방향성'이란 말로 가리키려 했던 것은 애초에 무엇이었을까. 상황 설정을 보면 '우리 회사'는 B사에 대해 경영상의 우위를 지켜왔었는데, 최근 B사가 빠른 속도로 성장하면서 뭔가 대책이 필요하게 되었다는 것을 알 수 있다. 그렇다면 여기서 말하는 '방향성'이란 '대응책'을 의미하는 것인데, 그렇다면 이슈를 다음과 같이 설정하면 될까?

이슈 2 향후 우리 회사는 B사에 대하여 어떻게 대응해야 하는가?

이슈가 될 만한 것들이 만들어졌을 때에는 '그 이슈를 가지고 만들어낸 결과를 설명했을 때 사람들에게 설득력이 있을까?' 하는 점을 생각해 보자.

여기서 한 걸음 더 나아가 '대응책'의 내용을 생각해 볼 필요가 있을 것이다. B사에 대한 대응책을 정한다는 것은 아마 B사가 취하고 있는 가격 인하 전술이나 고객에 대한 대응 전략 등을 연구하여 그것과 동등한 수준, 혹은 그것보다 더 강도가 높은 수준의 방법을 제안하는 것을 의미할 것이다. 그렇게만 해도 B사에 대한 대응 조치로서는 분명 충분하다 하겠지만, 과연 그것이 영업부장이 알고 싶은 내용이었을까?

영업부장이 '향후의 방향성'이라고 이야기한 것은 그것보다는 좀더 상위 개념의 전략에 대한 궁금증을 표현한 것일지도 모른다. 만약 그런 것이라면 이슈를 달리 잡아야 한다.

이슈 3 우리 회사의 향후 영업 진략은?

다시 자신에게 질문해 보자. 이러한 이슈에 대한 답을 찾아낸다면 부장이 마음에 들어할까? 부장이 나에게 이러한 과제를 준 것은 내가 영업 전략을 세울 수 있다고 생각했기 때문일까? 나는 이제 갓 서른을 넘긴 나이라 전체를 분석하기에는 아직 역부족인데… 그렇다면 역시 대응책을 찾아보라는 것이었을까?

그런데 대응책이든 영업 전략이든 아무런 준비 없이 생각해 낼 수 있는 것이 아니다. 우리 회사는 줄곧 B사에 대해 상당한 격차를 유지하고 있었는데, 어떻게 해서 최근에 이처럼 B사에 의해 바짝 추격을 받게 된 것일까? 우리 회사의 상황을 분석하여 이렇게 된 이유를 찾아내지 않으면 효과적인 대응책도 전략도 세울 수 없을 것이다. 그렇다면 부장이 말한 것은 현황에 대한 분석을 해달라는 것이었나?

이슈 4 **우리 회사의 현황을 분석한다**

잠깐, 여기서 주의할 점이 이슈는 의문문 형식으로 되어야 한다고 했다.

이슈 5 **우리 회사의 현황을 어떻게 분석하면 좋을까?**

이슈 6 **우리 회사의 현황은 어느 부서에서 분석하는 것이 타당한가?**

이것이 부장이 알고 싶었던 것일까? 아니다. 부장이 묻고 있는 것은 '앞으로의 방향성'이다.

이슈 결정하기

여기까지 오다 보니 이슈가 여섯 가지나 만들어졌다. 그럼에도 아직 확신할 수 있는 결정적인 이슈는 없는 것 같다. 논리적 사고에 익숙하지 않은 사람들은 대부분의 경우 이 수준에서 맴돌다가 "아이고 모르겠다. 아무거나 빨리 정하자"는 식으로 대강 선택하고 만다. 물론 자신감 있는 선택과는 거리가 멀다.

그러나 작업의 원칙을 알면 이슈는 자신감 있게 하나로 압축할 수 있다. 그러니 여기서 포기하지 말고 어느 것이 가장 적절한지 더 깊이 생각해 보도록 하자. 냉정해져야 한다.

지금까지의 작업을 돌아보면 이슈가 크게 '전략', '대응책' 류의 그룹과 '현황 분석' 류의 그룹으로 나뉘어 있다는 것을 확인할 수 있다. 그렇다면 이 둘 중의 어느 하나는 버리고 한 쪽만 선택해야 하는 것일까? 메시지 작성의 순서를 생각해 본다면 먼저 현황 분석이 되어 있어야 전략이든 대응책이든 나올 수 있을 것이다. 그렇다면 일단은 회사의 현황만큼은 정확하게 파악해 두어야 하겠다. 현황 분석과 관련한 이슈는 이슈 4에서 이슈 5, 6으로 진행되었는데, 실은 이 과정에서 논리적 사고가 어긋난 것이다.

(**이슈 4** 우리 회사의 현황을 분석한다)

여기서 우리 회사의 현황이란 다름 아니라 우리 회사가 부진에 빠진 이유나 원인을 생각하자는 것이었다. 그래서 다음과 같이 해 보면 지금 무엇을 생각해야 하는지가 분명하고, 이슈 5와 6처럼 부장의 질문에서 벗어나지도 않는다.

이슈 7 우리 회사가 부진한 원인과 이유는 무엇인가?

부장의 질문에 답하기 위해서는 우선 이슈 7을 생각하는 것이 좋을 것 같다.

원인이나 이유가 분명해지고 나면 그에 대한 구체적 대응 방법이나 혹은 더 넓은 범위의 전략을 생각하는 것도 가능해질 것이다. 그렇다면 순서는 다음과 같이 한다면 좋을 것이다.

이슈 1 우리 회사가 부진한 원인과 이유는 무엇인가?

이슈 2 향후 우리 회사는 B사에 대하여 어떻게 대응해야 하는가?

이슈 3 우리 회사의 향후 영업 전략은?

정석대로 하자면 여기서 부장에게 다시 한번 "저에게 요구한 것이 대응책까지입니까? 아니면 전략까지 검토해 보라는 것입니까?" 하고 확인하는 것이 좋겠는데, 부장이 자리에 없다거나 하여 확인할 수 없는 경우에는 "어쨌든 대응책까지는 생각해 보도록 하자. 그리고 가능하다면 전략까지도 구상해 보자"는 정도로 생각하면 될 것이다.

이슈는 반드시 하나여야 하는가?

여기서는 부장의 요구, 즉 '방향성을 생각해 보라'는 요구에 대하여 세 가지의 이슈를 정했다. 이슈는 가능하면 하나로 정리하는 것이 좋지만 그렇다고 무리하게 하나로 만들려다가 생각해야 할 내용이 애매해져서는 안 된다. 정확하게 검토한다는 전제만 선다면 꼭 필요할 경우 이슈를 2~3개로 정하는 것도 괜찮다.

단 이슈를 여러 개로 할 때에는 그 이슈들간의 관계를 분명히 설정해 두어야 한다. 사례의 경우는 세 개의 이슈를 순서대로 하나씩 검토해야 하며, 도중에 뒤섞이는 일이 있어서는 안 된다. 원인과 이유를 찾아보아야 할 자리에서 대응책이나 전략을 생각한다면 이슈가 어긋나게 된다.

말에 대한 자의적 해석보다는 그 의미를 생각하라

이슈를 생각할 때는 말 하나하나에 대해 이리 저리 뒤집어보게 되기 때문에 자기도 모르게 그 말에 대해 '정의'를 내리고 싶어진다. 위의 예에서는 "방향성이란 우리 회사의 향후 전략을 의미한다"는 식으로 생각을 정의해 버렸다.

이처럼 사용하는 말에 대해 정의를 내려 두면 확실히 상쾌하다. 그러나 정의를 내리는 순간 우리는 그 정의의 좁은 범위 안에 자신의 사고를 가두게 된다. 생각의 범위를 좁은 범위 내로 제한하면 생각을 하기는 편해지겠지만 가장 중요한 것, 즉 '부장의 요구'라는 관점에서 보면 문제가 생길 수 있다.

예를 들어, '방향성'을 '전략'이라고 정의해버리고 나면 'B사에 대한 대응책'은 생각하지 않게 될 수도 있는데, 이렇게 되면 부장의 기대와 어긋나 버릴 수도 있다는 것이다.

이러한 실수를 범하는 사람들 가운데에는 비교적 논리적인 사람, 논리적 사고에 강하다고 생각하는 사람, 이런 사람들이 많다(사실 필자 자신도 이러한 경향이 있기 때문에 잘 안다). 이렇게 되면 나중에 "부장님이 방향성을 생각해 보라고 해서 전략을 생각한 건데요"라고 대답했을 때 부장이 "그건 자네 생각이고, 내가 원했던 건 현황에 대한 분석과 대응책이었어…"라고 해도 할 말이 없다.

일을 제대로 하기 위해서는 말을 자의적으로 해석하여 정의하려 들지 말고, 그런 말을 한 의미가 무엇인지를 파악해야 한다는 점을 잊지 않기 바란다.

어쨌든 이제 이슈는 정해졌다. 다음 단계로 넘어가 보자.

step 2 논리적 구조를 발견하라

이슈가 결정되면 메인 메시지를 생각하라

Step1에서는 이슈를 어떻게 정하는지를 검토했다. 이제 이슈, 즉 질문이 결정되었으면 그 이슈에 대한 '답'이 되는 메인 메시지를 생각해야 한다. 이 시점에서는 이슈에 관계되는 정보가 부족하더라도 가능한 한 다 모아서 'So What?', 'Why?', '논리적으로 말해서' 등의 방식을 사용하여 사실 관계에 대한 이해를 심화하도록 한다.

물론 이 단계에서는 아직 정보들간의 논리적인 관계를 파헤치는 데에 많은 시간을 들일 필요가 없다. 가능한 한 정보를 모아둘 것, 그리고 개개의 정보가 갖고 있는 의미를 'So What?'을 사용해서 파악하는 정도로 충분하다. 이 정도만으로도 대략적인 결론이 나올 수 있다면 아주 좋다. 여기까지가 논리를 만들기 이전의 준비 단계이다.

서브 이슈를 생각하라

이슈가 확실해지고, 이슈에 관한 정보가 어느 정도 정리되면 다음으로 이슈에 대한 생각을 몇 개의 분야로 나누어 전체적인 이슈의 구조가 논리적으로 깔끔하게 정리될 수 있도록 한다. 이렇게 하위 분야로 나누어 정리한 이슈를 '서브 이슈'라고 부르기로 한다.

서브 이슈는 메인 이슈(생각해야만 할 전체적인 내용을 서브 이슈와 구별할 때에는 이렇게 부르기로 한다)에 대해서 생각할 때 어떠한 영역으로 나누어 생각하면 좋은가 하는 '단면'에 해당되는 것이다. 예를 들면, 다음 메인 이슈에 대하여 서브 이슈를 생각해 보는 것이다.

A사업에 진출해야 하는가?

이때 서브 이슈를 다음 세 개의 단면으로 나눠서 생각할 수 있다.

① A사업의 시장성은 높은가?(Customer)
② A사업의 경쟁 상황은 어떠한가?(Competitor)
③ 우리 회사는 A사업을 추진할 충분한 자원이 있는가?(Company)

사업의 성패를 가늠할 때에는 시장성과 경쟁 상태, 그리고 우리 회사의 자원에 대해서 생각하는 것이 필수이고, 이들 각각이 모두 긍정적이라고 판단되면 A사업에 진출해도 장래성이나 채산성이 충분히 있다고 볼 수 있기 때문이다.

덧붙여 이야기한다면 '시장 · 경쟁 · 우리 회사'의 이 세 가지는 '3C'라고 하며, 경영 분석의 가장 기본적인 요소기 때문에 서브 이슈로 사용하기에도 적절하다.

이슈와 메시지의 관계를 확인하라

여기서 이슈와 메시지의 관계를 확인해두자. 1장에서 이슈, 즉 질문이 결정되면 그것에 대한 답변으로서 메인 메시지를 작성한다고 설명했다. 이슈는 의문문 형식으로 작성하고, 메인 메시지는 주어와 술어를 갖는 평서문으로 작성한다.

서브 이슈도 마찬가지로 의문문 형식이 되고, 서브 이슈에 대한 대답이 곧 앞에서 말한 '키 라인 메시지'가 된다. 키 라인 메시지는 주어와 술어를 갖는 평서문 형태가 되며, 그 메시지가 3~5개 모여서 각각 메인 메시지를 밑받침하는 근거가 된다. 이렇게 되면 메인 메시지는 읽는 이에게 전달될 때 충분히 강한 설득력을 갖게 된다. 이것이 의사 전달력(설득력)이 향상되는 기본적인 구조이다.

서브 이슈의 발견은 매우 중요하다

실제 논리적인 사고에서 이슈 다음으로 중요한 것은 서브 이슈를 정하는 것이다. 서브 이슈는 "어떤 점에 대해서 생각해야 이슈를 빠짐없이 파악했다고 할 수 있는가?" 하는 문제에 대한 답변이라고 할 수 있다. 예를 들면, 다음 이슈(메인 이슈)에 대해서 생각해 보자.

인터넷 광고 시장은 장래성이 있는가?

이때 서브 이슈로는 어떠한 것들을 생각할 수 있을까?

① 인터넷 광고의 특징은 무엇인가?
② 광고비를 고려할 때 장래성이 있는가?
③ 어떤 플레이어(경쟁 기업)가 있는가?

위와 같은 세 가지 서브 이슈를 정했다고 하자. 이때 검토해 보아야 하는 것은 서브 이슈로 생각한 이 세 가지가 메인 이슈에서 생각해야할 범위를 충분히 포함하고 있는가, 그리고 서브 이슈들 사이에 중복되는 부분은 없는가 하는 것이다. 서브 이슈는 메인 이슈를 전체로 했을 때 'MECE'로 되어 있는 것이 이상적이다.

서브 이슈는 MECE에 지나치게 구애받을 필요가 없다

그렇지만 의사 전달력이 있는 메시지를 만든다고 하는 관점에서 이야기하자면, 서브 이슈들을 MECE가 되도록 하는데 너무 집착하다 보면 결과적으로 이후의 사고를 전개하기 힘들게 되는 경우가 자주 있다.

서브 이슈를 생각할 때는 논리적으로 MECE인가 아닌가보다는 메인 메시지를 제대로 밑받침하는 타당성이 높은 키 라인 메시지를 만들어내는데 도움이 되느냐, 아니냐가 더 중요하다. 그러니 MECE에 지나치게 구애받지 말고 "대략 누락되는 것이 없고, 중복해서 생각하는 부분도 없는 것 같다"라고 이야기할 수 있는 정도면 된다.

하지만 인터넷 광고에 관해 위에서 본 세 가지의 서브 이슈만으로는 아무래도 부족한 것 같다. '기술'과 '광고 수용자의 상태' 등에 대한 관점이 빠져있기 때문이다.

인터넷 광고는 기술 진보에 의해 광고의 질이 변할 가능성이 있다. 예를 들어, 이전의 인터넷 광고는 액세스 수가 많은 사이트에 네온사인과 같은 작은 광고를 점멸시키는 '배너'를 붙이는 것으로 끝났다. 그러나 그 뒤에 광고주들은 배너 광고를 클릭한 사람이 실제로 광고주의 페이지로 가서 회원 등록을 하거나 물건을 샀는가 하는 정보까지도 얻을 수 있게 되었다. 이렇게 되었을 때 광고의 의미나 질 자체도 변화될 가능성이 있는 것이다.

'광고 수용자의 상태'도 마찬가지로 중요하다. 인터넷을 사용하는 인구는 어느 정도인가, 광고에 대한 반응은 기존 매체 광고 수용자들과 어떻게 다른가 하는 것도 메인 이슈와 큰 관계가 있다. 그렇다면 이것들도 서브 이슈에 포함하여 다음과 같이 다섯 가지로 하면 될 것인가?

---

① 인터넷 광고의 특징은 무엇인가?

② 광고비를 고려할 때 장래성이 있는가?

③ 어떤 플레이어(경쟁 기업)가 있는가?

④ 인터넷 광고 기술은 어떻게 발전할 것인가?

⑤ 인터넷 사용자의 광고에 대한 반응은 어떠한가?

이 다섯 가지의 경우에서는 어딘지 모르게 중복된다는 느낌이 든다. ①과 ④는 중복 없이 별개의 설명이 가능한가? ⑤는 어떤가?

이렇게 생각하면 ④나 ⑤ 모두 ①의 서브 이슈 속에 집어넣는 편이 더 깔끔하다는 것을 알 수가 있다.

이와 같이 서브 이슈를 생각하는 단계에서 서브 이슈 밑에 다시 하위의 서브 이슈를 설정하는 문제를 생각할 수도 있다. 이것도 매우 중요한 포인트이니 잊지 않도록 하자.

서브 이슈를 발견하는 세 가지 방법

위에 기술한 예에서는 필자가 서브 이슈의 예를 제시해 주었지만 막상 스스로 생각하려고 하면 제법 어려울 것이다. 결국은 어느 정도 경험을 쌓고 감을 잡는 수밖에 없긴 한데, 그렇다 하더라도 서브 이슈를 찾아내는 몇 가지의 일반적인 방법이 있다.

A : 메인 이슈 그 자체에 대한 분석을 통해 찾아낸다.
B : 읽는 사람의 관심 속에서 찾아낸다.
C : 가지고 있는 정보에서 찾아낸다.

A의 메인 이슈에서 찾아내는 방법은 가장 기본적인 방법이다. 이슈를 결정할 때까지의 과정에서 이슈의 의미를 세세히 검토하다 보면 서브 이슈가 떠오르게 된다.

53페이지 '상황'의 예에서는 "앞으로의 방향성이란 어떠한 의미인가?"를 생각하는 과정에서 '전략'과 '대응책'이란 두 가지 서브 이슈를 발견할 수 있었다. 마찬가지로 "대응책이나 전략을 알려면 우선 우리 회사가 부진한 원인을 알 필요가 있다"고 생각함으로써 '우리 회사가 부진한 원인'이라는 서브 이슈도 발견할 수 있었다.

B의 방법, 즉 읽는 이의 관심으로부터 메인 메시지를 찾아내는 방법도 54페이지의 예에서 보여 준 바 있다. 거기서 읽는 사람은 영업부장이고, 영업부장이 어떤 내용을 요구하고 있는가를 생각해 보는 과정에서 "갑자기 전략적인 제안까지 요구하고 있는 것일까?"라는 의문이 솟았고, 그러다가 다시 '전략보다는 대응책이 우선 순위'라는 생각도 할 수 있게 되었다.

따라서 B의 방법이 실은 가장 범용성이 높기 때문에 반드시 기억해두었으면 한다. 단, 여기서 읽는 사람의 범위를 단순히 문서를 직접 전달할 당사자로 한정해서는 안 된다는 점에 주의하자.

예를 들면, 영업부장이 나의 보고서를 기초로 이사회 회의에 보고할 작정이라고 한다면 문서를 읽는 사람에는 실질적으로 이사들까지도 포함된다. 실질적인 독자와 표면적인 독자가 이처럼 다를 경우가 있으니 주의하자.

C는 일반적인 피라미드 구조의 해설서에서 자주 언급되는 방법이다. 사전에 사실에 대한 정보를 충분히 수집한 다음, 그 정보를 상세하게 검토하여 유사한 것들끼리 모은다(그룹핑). 그 그룹들에서 서브 이슈가 나온다는 것이다.

이 방법에서는 그룹핑을 할 때 MECE가 되도록 하는 것에 너무 치중하게 되기 때문에 결국에는 그 뒤를 생각하기 어려운 서브 이슈가 만들어지기 쉽다는 문제점이 있다. 또 처음 단계에서 충분한 자료가 수집되어 있느냐 하는 것도 이 방법의 문제점이다.

사전에 충분한 양의 자료가 확보되어 있지 않으면 나중에 새로운 정보가 올 때마다 그룹핑을 다시 해야만 하게 될 수도 있다. 원래는 가장 좋은 방법이지만 결과적으로는 전문가들이 주로 사용하는 발견 방법이라고 할 수 있다.

이상의 세 가지 방법을 가능하면 모두 해본 다음에 이만하면 괜찮겠다고 생각되는 서브 이슈를 3~5개 정도 발견할 수 있다면 두 번째 스텝은 성공이다. 이 단계까지 오면 메인 이슈도 거의 굳어져 있을 것이다.

step 3 'So What?' 으로 정보의 의미를 추출하라

서브 이슈에 맞추어 정보를 분류하라

구조(서브 이슈)가 결정되면 알고 있는 사실 정보를 서브 이슈에 맞추어 분류한다. 'Step2' 예에서는 다음 세 가지 이슈가 발견되었기 때문에 이 세 가지에 맞추어 분류한다는 것이다.

① 인터넷 광고의 특징은 무엇인가?
② 광고비를 고려할 때 장래성이 있는가?
③ 어떤 플레이어(경쟁 기업)가 있는가?

그때 정보를 정확하게 분류하기 위해서는 서브 이슈의 내용을 잘 이해하고 있어야 한다. 예를 들면, ②는 어디까지나 광고비, 즉 비용적인 측면에서 본 장래성을 생각해야 한다.

- 현재 인터넷 광고의 시장 규모
- 다른 광고 매체와 비교해 본 1건 당 광고비
- 인터넷 광고의 매체 비용 및 제작 비용의 시계열(時系列)적 변화

이와 같은 사실 정보는 ②의 카테고리에 들어갈 것이다. 그러나 다음의 사실 정보는 ②의 카테고리에 들어가지 않는다.

- 광고 산업 전체의 향후 성장성에 대한 조사 보고서
- 성장성 있는 인터넷 광고 매체에 대한 기사, 예를 들면 어필리이트 프로그램(affiliate program : 수익 배분을 전제한 사이트간의 광고 제휴 전략) 등
- 최근 광고업계의 관심사에 대한 설문조사 분석

이런 것들은 '광고비를 고려할 때의 장래성'이란 서브 이슈와 직접적인 관계가 없기 때문이다.

그러나 예를 들어, '광고 산업 전체의 성장성'에 대한 정보라 하더라도 '인터넷 광고의 매출액 신장'과 연결된 것이라면 ②에 관한 정보가 될 수 있다.

②는 어디까지나 '인터넷 광고' 중 '광고비', 즉 비용에 관한 정보를 종합해 가는 서브 이슈이기 때문에 비용 이외의 조사나 분석적인 정보가 포함돼서는 안 된다.

중요한 정보는 절대로 놓치지 마라

각각의 서브 이슈에 따라 현재 알고 있는 사실 정보를 분류해 들어갈 때 지금 확보한 정보 모두를 사용할 수 있다면 이것이 가장 이상적이다. 그런데 처리해야 할 정보량이 너무 많을 경우에는 중요하지 않다고 판단되는 정보를 쉽게 제외하는 경우가 많다.

그때 제외된 정보 중에 중요한 것이 없는지 주의한다. 읽는 사람은 당신이 만든 메시지에 대해 언제든지 반론을 제기할 수가 있다. 그때 반론자가 당신이 제외한 정보를 거론하면서 "이러한 사실이 있는데 당신의 견해와 모순된다. 이상하지 않은가"라는 말을 할 수도 있다는 것을 항상 염두에 두도록 하자.

'So What?'으로 사실 정보의 의미를 추출하라

서브 이슈에 맞추어 사실 정보들을 분류하는 작업이 끝나면 사실 정보 하나 하나의 의미를 곰곰이 생각해본다. 여기 이러한 사실 정보가 있는데, 그래서 어떻다는 말인가? 이런 식으로 'So What?' 이란 질문을 반복하여 서브 이슈에 대한 대답이 될 만한 메시지를 생각해 낸다. 그것이 찾아지면 그것이 바로 키 라인 메시지가 된다.

서브 이슈 밑에 세 개의 사실 정보가 있다고 한다면 거기서 도출된 키 라인 메시지는 그 세 개의 사실 정보와 모순되지 않으면서도 동시에 위로는 메인 메시지에 대한 근거로서 기능할 수 있어야 한다. 이러한 조건을 만족시키는 키 라인 메시지를 'So What?'이라는 질문을 통해 추출해 내는 일은 결코 쉽지 않지만, 그것을 제대로 해 내는가 못하는가가 피라미드 구성의 성패를 결정하는 포인트임을 명심하기 바란다.

반복하겠는데, 서브 이슈별로 분류된 정보들은 추출된 키 라인 메시지의 근거가 되고, 또 이 키 라인 메시지는 상위의 메인 메시지에 대한 근거가 될 수 있어야 한다. 이러한 요구를 만족시키지 못하는 키 라인 메시지는 피라미드 구조를 구성할 수 없다. 특히 키 라인 메시지가 상위의 메인 메시지에 대한 근거로서 설득력이 있는지 여부에 주의하기 바란다.

'So What?'의 사고에 대해서는 『로지컬 씽킹』(테루야 하나코 · 오카다 케이코 지음. 김영철 옮김. 2002년 일빛 발행)을 참고하기 바란다.

step 4 피라미드 구조를 완성하라

'So What?'을 여러 번 반복하라

실제로 피라미드 구조를 만드는 단계에서 키 라인이 잘 나오지 않는 경우가 많다. 어떤 경우에 잘 나오지 않는지, 그때 대처하는 방법은 무엇인지에 대해 알아보도록 하자.

① 키 라인과 모순되는 사실 정보가 있을 경우

서브 이슈에 따라 분류된 사실 정보 중에 서브 이슈에 해당하는 키 라인 메시지와 모순된 정보가 있을 경우, 예를 들어 하나의 서브 이슈 아래 다음과 같은 정보가 분류되어 있었다고 하자.

- 인터넷 광고 시장은 연평균 50% 성장하고 있다.
- 광고 건수는 배로 증가하고 있으나 성장률은 둔화되고 있다.
- 광고 단가는 인하되고 있다.

여기서 키 라인 메시지를 다음과 같이 잡았다고 하자.

인터넷 광고 시장은 앞으로도 성장한다.

이때 세 번째의 '광고 단가는 인하되고 있다'라는 정보와 '시장 전체가 앞으로도 신장한다'라는 정보가 모순되고 있는 것처럼 보인다. 그래서 추출하는 키 라인 메시지를 조금 바꿔서 다음과 같이 하면 분류된 모든 정보를 포함할 수가 있다.

광고 단가는 인하되었지만, 광고 건수의 신장이 현저하기 때문에 시장 전체의 매출 규모는 앞으로도 확대된다.

② 키 라인 메시지가 메인 메시지에 대한 근거가 되지 않는 경우

계속해서 인터넷 광고의 예를 가지고 이야기하자. 인터넷 광고 관련 메인 이슈에 대한 메인 메시지가 '인터넷 광고 시장은 앞으로 성장이 둔화된다'고 나와 있다고 하자. 그러면 위에서 정리했던 아래의 키 라인 메시지는 메인 메시지와 모순되어 버린다.

광고 단가는 인하되었지만, 광고 건수의 신장이 현저하기 때문에 시장 전체의 매출 규모는 앞으로도 확대된다.

따라서 위의 키 라인 메시지는 이대로는 안되며, 메인 메시지의 근거가 될 수 있도록 재검토해야 한다.

그래서 다시 검토한 결과 '광고 건수는 늘어나고 있지만 단가의 하락이 극심해서 내년도 시장의 성장은 상당히 둔화된다'는 것을 알게 되었다고 하자. 이 과정에서 사실 정보에 대한 분석이 깊어지고 있다는 점에 주목하자. 이렇게 분석의 심도가 깊어지는 과정에서 같은 정보라도 파악되는 의미가 달라질 수 있다는 것이다. 여기까지 생각하면 키 라인 메시지는 다음과 같이 되어야 한다.

광고 건수의 신장은 현저하지만, 광고 단가의 하락이 더욱 극심하기 때문에 시장 전체의 매출 규모 성장은 둔화된다.

이것이라면 메인 메시지에 대한 근거가 될 수 있다. 키 라인 메시지는 어디까지나 메인 메시지의 근거로서 기능할 수 있어야 한다.

이와 같이 메인 메시지 ↔ 키 라인 메시지 ↔ 사실 정보(개별 메시지)의 관계가 적절하게 될 때까지 'So What?'을 반복한다. 그래도 좋은 키 라인이 나오지 않을 경우에는 다음 세 가지 가운데 어느 하나일 가능성이 높다.

① 서브 이슈 설정의 부적절
② 정보의 미비, 또는 정보의 오류
③ 메인 메시지를 잘못 설정

이때는 다시 메인 메시지나 서브 이슈를 정보 수집의 단계로 돌아가서 수정하도록 하자.

익숙하지 않을 경우에는 이 과정을 5번은 반복할 작정으로 시작하는 것이 좋다. 처음에는 시간이 많이 들겠지만 계속 작업을 하다 보면 한 번만으로도 적절한 서브 이슈와 키 라인을 찾을 수 있게 된다. 익숙해지기까지 그렇게 오랜 시간이 필요한 것이 아니기 때문에 초조해하지 말고 반복해서 연습하기 바란다.

읽는 사람의 입장에서 반론을 제기해 보자.

메인 메시지와 키 라인, 그리고 사실 정보의 관계가 적절하게 설정되어 있다고 판단되면 이번에는 읽는 사람의 입장에서 다시 피라미드 구조를 검토해 보자.

이때에는 자신이 직접 메시지를 전달할 직장 상사나 거래처 담당자의 시각으로만 볼 것이 아니라 그 너머 어디에 있을지도 모를 보다 다양한 독자에 대해서도 생각해 보자.

예를 들어, 거래처 담당자에게 전한 메시지는 담당자의 입을 통해서든 문서를 통해서든, 그 담당자의 상사나 관계 부서에 전해질 것이다. 그들 상사나 다른 부서 사람들은 자신의 제안에 대해 어떻게 생각하는지, 질문이나 문제점에 관한 지적이 없을지를 생각해 보자는 것이다.

여기에서 이야기하는 '상대방의 입장에 선다'는 것은 단지 상대방의 '기분이 되어 생각한다'는 것이 아니라, 상대방의 이해 관계를 예상하고 그러한 이해 관계적 입장에서 내가 전달한 메시지를 생각해 보는 것을 의미한다. 예를 들어 자신은 영업의 입장에서 플랜을 세웠지만, 그 플랜을 재무나 제조 담당자가 보면 어떻게 생각할까. 자금 면에 대한 검토가 되어 있지 않다고 생각할지도 모르고, 그렇게까지 세밀하게 생산 과정을 조정한다는 것은 실정을 모르는 사람의 희망사항일 뿐이라고 생각할지도 모른다.

이런 식으로 상대방은 어떠한 점에 의문이나 문제를 느끼는지에 대해서 생각하면서 자신이 제출한 플랜에 대해 나올 반론을 예상해 보는 것이다. 그 중에서 다시 한 번 생각해 보아야 할 예상 가능한 반론이 있는가, 있다면 그것을 어떻게 피라미드에 반영할 것인지 검토하도록 하자.

반론에 대한 반론까지 생각하라

반론이 발견되면 반론의 반론을 생각해 본다. 그리고 필요하면 키 라인이나 메인 메시지로 되돌아가서 피라미드를 다시 만들자.

이 때, 예상되는 문제가 있음에도 불구하고 그냥 표현만 살짝 바꾸어 넘어 가보려 하다가 혼이 나는 경우가 많다. 부분적인 수정만으로는 아무래도 문제가 있겠다 싶으면, 구조 그 자체를 바꿀 각오를 해야 한다. 그래야만 전진할 수 있을 것이다.

step 5 전달할 메시지는 확실하게 표현하라

피라미드 구조를 문서로 표현할 때는

제1장에서 설명한 바와 같이, 피라미드에 기초하여 문서나 구두로 발표할 때, 반드시 유려한 문장과 유창한 달변으로 해야 하는 것은 아니다.

중요한 것은 자신이 만든 피라미드에 있는 메시지의 구조(근거 부여)를 상대방에게 정확히 전달하는 것이다.

구체적으로 이야기하자면, 본문의 앞 부분에는 메인 메시지를 배치하고 그 뒤에 메인 메시지의 근거로서 제시된 키 라인 메시지들을 차례로 설명하는 구조면 된다.

지금까지의 습관대로라면 결론이 먼저 오는 서식에 익숙하지 않아 서론이 다소 길게 될 수도 있는데 가급적 짧게 하기 위해 노력하자. 또한 가장 강조해서 전하고 싶은 것을 읽는 사람이 빨리 알아볼 수 있도록, 줄을 바꾸거나 글자체를 강조해 보자. 중요한 것은 메인 메시지를 최대한 짧은 시간에 상대방에게 전달되도록 하는 것이다.

키 라인 메시지는 가능하다면 그대로 단락의 표제어로 사용하는 것이 좋다. 표제어를 쓸 때 '시장 상황', '수지 전망' 등과 같은 명사적 표현을 사용하는 경향이 많지만, 이렇게 하게 되면 시장의 상황이 '어떠한가', 수지가 '어떻게 되는가'가 전달되지 않는다.

따라서 표제어는 '시장은 성장과정에 있다'든가 '사업개시 후 2년 내에 월별 흑자 예정'과 같이 명사적 표현에 서술적 표현을 기재하는 것이 좋다. 이렇게 쓰면 말하고 싶은 것이 곧바로 전달된다. 키 라인의 내용이 명료하다면 표제어만으로도 메시지가 전달될 수 있다.

문서의 크기는 어느 정도가 적당할까?

그럼 만들 문서의 전체 분량은 어느 정도가 좋을까? 흔히 듣는 질문 중에 "우리 회사에서는 A4×1장으로 정리하는 것을 권하고 있습니다. 이것으로 좋을까요?"라는 것이 있다.

확실히 메시지는 간결한 형식이 전달되기 쉽다. 그러나 중요한 것은 그 문서에서 말하고 싶은 것이 제대로 전달되는 데 있는 것이지, 1장으로 하느냐 여부에 있는 것은 아니다. 1장으로 하는 것이 더 좋겠다면 그렇게 해야할 것이고 2장, 10장을 쓰지 않으면 메시지가 전달되지 않는다면 2장, 10장으로 써야 한다.

최근 기획안들을 보면, 문서의 분량을 줄이는데 너무 집착하다 보니 왜 그 기획이 좋은 것인지에 대한 충분한 설명이 빠져 있는 경우를 자주 보게 된다. 형식보다 내용을 중시하자.

구두로 프레젠테이션을 할 때의 주의점

구두로 프레젠테이션을 해야 하는 경우에는 문서만 제출할 때보다 신경써야 할 것이 더 많다. 그러나 이 경우에도 의사 전달의 기준이 문서에 있다는 점은 변함 없다. 구두로 설명한다고 해도 첨부 문서나 자료는 반드시 배부해야 하기 때문이다.

구두 프레젠테이션에서 필자가 권하는 사항은,

---

① **눈을 마주치며 이야기한다.**

② **상대방이 납득하고 있는지 잘 관찰한다.**

③ **자신의 캐릭터를 활용한다.**

이상의 3가지 점이다.

특히, 파워포인트를 사용한 프레젠테이션이 일반화하면서 상대방의 눈을 보고 이야기하는 것의 중요성이 더 높아지고 있다.

프레젠테이션을 하는 쪽도 받는 쪽도, 슬라이드에 정신을 뺏겨 개인과 개인이 이야기하고 있다는 사실을 잊어버리기 쉽다. 슬라이드를 보고 설명하지 말고, 반드시 상대방의 얼굴을 보면서 상대방도 자신에게 시선을 주도록 하고 설명해야 한다..

다음으로 상대방이 납득하고 있는지 어떤지인데, 우선 고개를 끄떡이는지 어떤지로 체크하고, 그것만으로는 잘 모르겠으면 일부러 잠시 설명을 중단하고 자신에게 시선이 집중될 수 있도록 한다. 이 때 상대방의 표정을 보면 "더 듣고 싶다"는 반응인지, "잘 모르겠어"하는 반응인지를 알 수 있는 경우가 많다.

만약, 그래도 잘 모르겠으면 "여기까지는 아시겠습니까?" 라고 물어보자. 이렇게 중간 중간 확인하면서 진행하는 것이 자신에게도 여유가 생겨 좋다.

자신의 캐릭터를 활용하라

3번째 '자신의 캐릭터'도 매우 중요하다. 사람들은 같은 종류의 일을 하고 있어도 저마다 다른 인상을 주는 법이다. 첫인상만으로도 믿을 만하다는 느낌을 주는 사람, 좀 미덥지 않다는 생각을 갖게 하는 사람, 인품은 따뜻해 보이는데 무사안일형인 것 같은 인상을 주는 사람이 있는 것이다. 자신의 첫인상은 어떤지 가까운 사람에게 묻고 확인해 보자.

자신의 캐릭터를 확인한 다음에는 그것을 일부러 억누르려 하지 말고 오히려 그러한 캐릭터를 바탕으로 그것을 보완할 수 있는 방향으로 행동해야 한다. 미덥지 않은 인상을 준다고 생각되는 사람은 무리하게 강한 인상을 보이려 애쓰지 말고, "제 안을 들어주세요, 진지하게 생각했습니다"라는 마음 자세를 갖도록 하자.

무리하게 "지금 반드시!" 라고 애쓰지 않는 편이 좋다. 자신의 캐릭터가 갖는 약점은 메시지의 내용으로 극복한다는 마음을 지니도록 하자. 겉으로 본 자신의 인상이 좀 미덥지 않게 보일지 모르지만, 맡은 바 내용은 제대로 생각했다고 하는 확신만 지니고 있으면 상대방에게도 그러한 사정이 전달되는 법이다.

나답게, 다른 사람이 설명하는 것과는 다른 자신만의 느낌을 주

피라미드 구조와 구조화된 문장

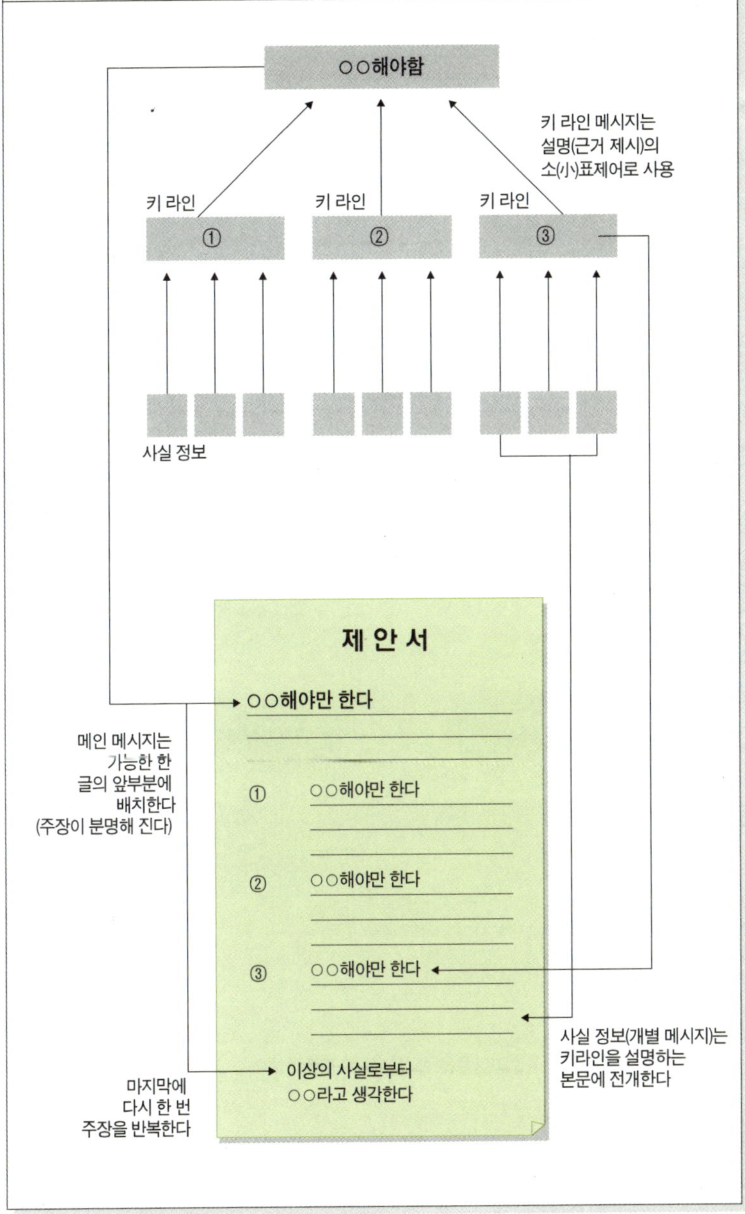
○○해야함
키 라인 메시지는
설명(근거 제시)의
소(小)표제어로 사용
키 라인
①
키 라인
②
키 라인
③
사실 정보
제 안 서
○○해야만 한다
① ○○해야만 한다
② ○○해야만 한다
③ ○○해야만 한다
이상의 사실로부터
○○라고 생각한다
메인 메시지는
가능한 한
글의 앞부분에
배치한다
(주장이 분명해 진다)
마지막에
다시 한 번
주장을 반복한다
사실 정보(개별 메시지)는
키라인을 설명하는
본문에 전개한다

구두 프레젠테이션에서 주의할 점

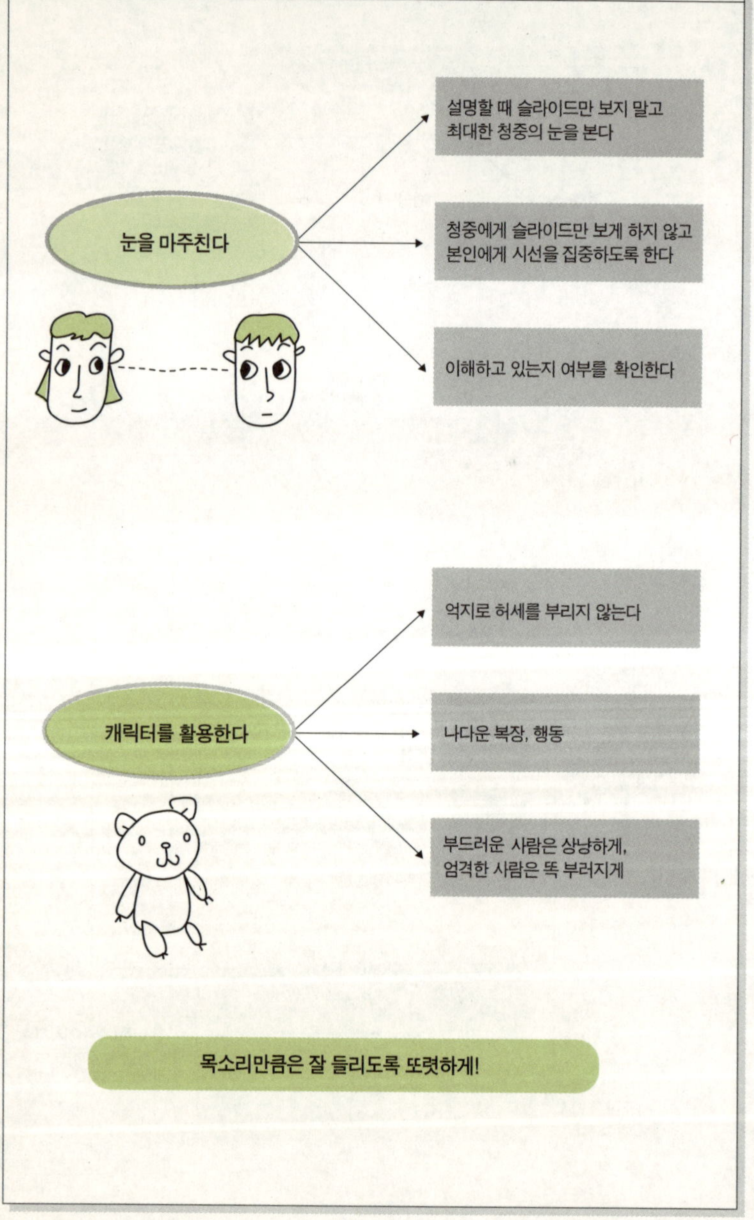

눈을 마주친다
설명할 때 슬라이드만 보지 말고 최대한 청중의 눈을 본다
청중에게 슬라이드만 보게 하지 않고 본인에게 시선을 집중하도록 한다
이해하고 있는지 여부를 확인한다
캐릭터를 활용한다
억지로 허세를 부리지 않는다
나다운 복장, 행동
부드러운 사람은 상냥하게, 엄격한 사람은 똑 부러지게
목소리만큼은 잘 들리도록 또렷하게!

겠다는 마음으로 임했으면 한다.

한자는 반드시 필요한 경우에만 사용하라

이제부터는 효과적인 메시지 표현을 위해서 알아 두면 유익한 내용에 대해 알아보도록 한다. 읽기 쉽고 알기 쉬운 글을 작성하려면 한자의 비율을 적게 하는 것이 좋다. 한자는 적은 자수로 의미를 전달할 수 있으므로, 오히려 많이 쓰는 것이 메시지를 간결하게 전달할 수 있다고 생각하는 사람이 있다. 하지만 사람들은 한자가 많은 문장을 보면 '읽기 힘들다' '어려울 것 같다'고 느낀다.

한자가 적은 문서는 희고 밝게 보인다. 한자가 많은 문서는 반대로 검고 어둡게 보인다. 가능한 한 밝고, 쉽고 빠르게 읽을 수 있는 글을 작성하는 습관을 들이도록 하자.

관용구의 사용은 금물

메시지를 논리적이고 깔끔하게 전달하는데 필요한 또 하나의 포인트는 일반적으로 자주 사용되는 관용구적 표현을 피하라는 것이다. '그래봤자 ○○, 그래도 ○○', '일반적으로 ○○라고들 하는데' 등의 관용구가 들어가면, 의미의 혼선이 일어나 말하고 싶은 초점이 흐려지고 만다.

또 철따라 들어가는 상투적인 인사말 등은 생략하고 곧바로 주제로 들어가는 것이 좋다. 그런 식의 서두가 없으면 오히려 군더더기가 없어 깔끔하다.

서툰 문장이어도 좋다. 하나 하나의 문장을 자신의 힘과 자신의 표현으로 작성함으로써 전체의 논리와 하나 하나의 문장이 빈틈없이 연결되는 것이 중요하다. 이것이 곧 의사 전달력인 것이다.

제2부에서는 이 책을 만들기 위해 필자가 특별히 모집한 '가상 수험생들'에게 필자가 만든 연습문제를 풀게 하고, 그 연습에 강평과 해설을 다는 방식으로 진행하겠다.

여기서 독자들은 수험생의 답안이나 강평을 읽기 전에, 우선 문제를 읽고 자신의 머리와 손을 써서 답안을 만들어 보기 바란다. 연습은 10문항인데, 10문항을 제대로 생각해서 대답하려면 10~20시간 정도가 필요할 것이다.

실제로 가상 수험생들은 "생각 이상으로 시간이 걸렸다"는 이야기들을 했다. 시간이 별로 걸리지 않는 사람이라면 논리적 사고 능력이 뛰어난 사람이거나, 혹은 아예 사고가 정지된 사람이거나, 둘 중의 하나다.

스스로 답을 생각한 뒤에 강평과 해설을 읽으면서 자신은 어디에서 실수하고 있으며 어디가 적절했는지, 그 분기점을 생각해 보도록 하자. 좋은 면과 잘 할 수 있는 면을 확인하여 자신감을 키워가는 것이 중요하다.

기초 연습편

의사 전달 트레이닝

제2부

Logical Communication + Persuasive Presentation

STEP 1 이슈와 결론 파악하기

1 연습 1 MBA를 취득하려고 한다

과 제 당신의 친한 친구가 "비즈니스 실력을 키우기 위해, MBA 취득을 생각하고 있다" 고 하면서 당신의 어드바이스를 듣고싶어 합니다. 당신은 이제 친구에게 어드바이스를 해주려면 뭔가를 준비해야 합니다.

질 문

① 이 경우 당신의 메인 이슈는 무엇인가?

② 메인 이슈와 관련된 서브 이슈는 어떤 것을 들 수 있나?

질문①의 답안과 해설

이 문제를 출제한 목적은 '메인 이슈를 정확하게 포착한다는 것이 무엇인가?'를 확실히 알게 하는 데 있다. 메인 이슈는 '지금 생각해야 할 것이 무엇인가?'를 분명하게 하기 위해 설정하는 것인데, 이것을 단번에 하나로 집어내는 것은 생각보다 어렵다. 그래서 일단 몇 개의 예상되는 이슈를 정한 다음, 그것을 하나로 좁혀가는 프로세스에 주목할 필요가 있다.

그렇게 해서 메인 이슈를 정한 뒤에는 다시 서브 이슈를 정해야 하는데, 실제로는 서브 이슈를 검토하는 과정에서 다시 메인 이슈가 더 분명해지는 효과도 있다.

그럼, 설문①의 메인 이슈에 대해 생각해보자. 19명의 수강생이 작성한 답안을 받아 본 결과, 크게 3가지 방향으로 후보 이슈가 나왔다.

| 오와키 나오히코 씨의 답안 | **MBA를 취득하려고 생각하는 친구에게 어떠한 어드바이스를 해야 하는가?**

| 이시이 히로아키 씨의 답안 | **친구가 생각하는 비즈니스 실력을 익히는데 MBA를 취득하는 것이 효과적인가?**

| 나카지마 노부히로 씨의 답안 | **친구가 필요로 하는 비즈니스 능력은 무엇인가?**

이슈는 생각하기에 따라 여러 가지로 잡아 볼 수 있다. 혼자서 생각할 때도 그렇고, 여럿이 함께 이야기를 나누어 보아도 하나의 사안에 대해 각자가 모두 다른 이슈를 가지고 있다는 것을 알 수 있다.

이슈가 여러 가지로 나오면 제2장의 Step1(p52 참조)에서 제시한 바와 같이 우선 이슈를 하나로 좁힐 필요가 있다. 그러기 위해서는 먼저 여러 이슈들간의 차이점이 무엇인지를 알아야 한다.

이슈들간의 차이점을 명확하게 알기 위해서는 이슈들 자체의 다양한 표현 속에서 맴돌 것이 아니라, 그 이슈들에 대한 대답이 어떻게 나올지를 생각해 보는 것이 좋다. 그러한 각도에서 위의 3가지 이슈들을 검토해보자.

단, 이 때에 "3가지 중 어느 것이 좋은가?" 라고 생각하면 안된다. 가장 적절한 이슈는 이 셋 이외의 다른 데에 있을지도 모르니까.

이슈를 좁히면…

오와키 씨가 제안한 이슈는 과제에서 곧바로 끄집어낸 것으로, '어드바이스의 내용'을 생각하는 것이라고 답했다. 이시이 씨는 'MBA 과정을 밟으면 비즈니스 실력이 향상될지 어떨지'를 검토하는 것이 이슈라고 했고, 나카지마 씨는 '친구가 필요로 하는 비즈니스 능력을 명확히 하는' 것이 이슈라고 답하고 있다. 독자인 당신의 머리에는 3자의 차이가 명쾌하게 파악되는가?

나카지마 노부히로 씨의 답안에 대한 강평

친구는 "MBA를 취득하는 것에 대해서 어떻게 생각해?" 라고 묻고 있다. 그에 대해서 나카지마 씨의 이슈에서 접근하면 "너에게 필요한 능력은 이거야" 라는 대답이 나오게 된다. 이렇게 되면 친구는 '이것'이 MBA와 관계가 있는가 없는가 스스로 생각해 보거나, 아니면 다시 한 번 당신에게 물어봐야 할 것이다. 결과적으로 이 대화에서는 이야기가 빗나가버린 것이다.

나카지마 씨는 친구의 현재 상황을 생각해 본 후, 친구가 필요하다고 느끼고 있는 것은 본질적으로 MBA 그 자체가 아니라 '비즈니스 실력을 향상시키는 것'에 있을 것이라고 판단했다. 즉 'MBA는 수단이고 목적은 아닐 것이다' 라고 판단한 것이다.

그러나 오로지 '비즈니스 실력' 그 자체에 대해서 이야기할 경우에는 이야기의 내용이 MBA와는 전혀 관계없는 방향으로 나아갈 가능성이 있다. 그러나 MBA에 대해서 이야기를 하면서도 실력에 대한 이야기는 얼마든지 할 수 있지 않은가. 예를 들어, MBA 과정에서 습득할 수 있는 '능력'이라든가 하는 방식으로. 사실 생각해 보면 친구는 'MBA에 의해서 얻을 수 있는 업무 실력'이 관심사이므로, 실력에 대한 이야기를 한다고 해도 MBA를 놓고 이야기하는 것이 좋을 것이다. MBA를 빠뜨린 이야기는 친구를 만족시킬 수 없다.

결국 나카지마 씨가 생각한 이슈는 부적절하다는 것을 알 수 있다. 생각이 지나쳐서 영역을 벗어나버린 것 같다.

[이시이 히로아키 씨의 답안에 대한 강평]

다음으로 이시이 씨의 이슈인데, 분명히 "MBA를 취득하면 실력이 붙어"라거나 "붙지 않아"라고 말해주는 것은 친구에게 귀중하고도 알기 쉬운 어드바이스가 된다. 그런데 과연 친구는 지금 '예스, 노' 란 답을 구하고 있는 걸까?

문제에 설정된 상황 속에서 친구는 아마도 '예스, 노'라는 결론적 답변보다는 '어떤 점을 생각하면 좋은가'하며 당신으로부터 MBA에 대한 여러 가지 이야기를 들어보고 싶어한다고 보아야 하지 않을까. 결론은 어디까지나 본인이 내리는 것이며, 당신은 친구가 올바른 결론을 내리는데 도움을 주는 역할을 하면 된다는 얘기다.

그렇다면, 직접 '예스, 노'로 이어지는 이슈는 역시 부적절하다.

[오와키 나오히코 씨의 답안에 대한 강평]

오와키 씨의 이슈 '어드바이스해야 할 내용' 은 어드바이스할 사항들을 선정한 다음, 각각에 대해서 의견을 이야기해 주는 스타일이 될 거라고 생각할 수 있으므로, 이제까지의 고찰에 가장 적합하다. 정답이라고 해도 좋을 것이다.

단, 오와키 씨의 이슈 'MBA를 취득하려고 생각하는 친구에 대해서 어떠한 어드바이스를 해야 하는가'는, '어떻게 어드바이스 할 것인가?'로 잘못 읽힐 가능성이 있다. 후자로 읽힐 경우 '어드바이스를 할 때의 방법', 예를 들어 '단정짓지 말고 듣는 자세를 갖는다, 눈을 보고 얘기한다, 조용한 바에 가서 얘기한다' 등 수단을 생각하는 것으로 오해될 수 있다.

이와 같은 오해를 막기 위해서 오와키 씨의 이슈를 다음과 같이 수정하자.

연습1의 메인 이슈

MBA를 취득하려고 생각하는 친구에 대해 어드바이스 해야할 내용은 뭔가?

설문②의 답안과 해설

그럼 설문②의 서브 이슈에 대해 생각하자. 오와키 씨의 메인 이슈를 채택했으니 우선 오와키 씨 자신이 제안한 서브 이슈는 어떤 것이었는지 보도록 하자.

[오와키 나오히코 씨의 답안과 강평]

· 친구가 어드바이스를 원하는 것은 무엇인가?

· 친구에게 하는 어드바이스를 구체적으로 어떻게 할까?

오와키 씨가 선정한 서브 이슈는 언뜻 보면 괜찮은 것 같지만, 실은 부적절하다. 후자의 '구체적으로 어떻게 할까?'는 표현이나 전달 방식에 대해 생각하는 것인데, 이것은 메인 이슈가 '어드바이스할 내용'에 대한 것으로 되어 있는 만큼 적절한 서브 이슈가 될 수 없다. 여기서의 서브 이슈는 어디까지나 '어드바이스 해주었으면 하는 내용'을 더 알기 쉽게 풀어서 검토할 영역을 나타내 주는 것이어야 한다.

그럼, 구와하라 씨의 답안을 보도록 하자.

[쿠와바라 마사요시 씨의 답안과 강평]

· MBA는 어떤 실력을 키우고 싶은 사람에게 유효한가?

· MBA는 어떠한 때에 취득하면 효과적인가?

· MBA 취득의 불리한 점은 무엇인가?

· MBA를 취득하기 위해 필요한 조건은 무엇인가?

· 비즈니스 현장에서 활약하는 사람 중에서 얼마만큼의 사람이 MBA 자격을 가지고 있는가?

· MBA 취득 이외에 효과적인 방법은 있는가?

쿠와바라 씨의 서브 이슈는 앞으로 생각해야 할 내용을 안내하는 '지도'가 될 수 있다는 점에서는 OK다. 다만, 문제는 그게 적절한 '지도'이냐는 것이다.

6개의 서브 이슈를 들고 있는데 읽어나가면 어딘지 모르게 중복되고 있는 듯한 곳이 있다. '활약하는 사람 중에서 얼마만큼의 사람이 MBA 자격을 가지고 있는가?'라는 서브 이슈는 '어떤 실력을 키우고 싶은 사람에게 유효한가?', '어떠한 때에 취득하면 효과적인가?'와 중복되는 부분이 있을 듯하다.

MBA를 취득해서 활약하고 있는 사람들을 검증하면 '언제 MBA를 취득했고, 어떤 점에서 유효했으며, 그래서 지금 활약하고 있다'라는 스토리로 정리될 것이다.

또 '불리한 점'에 대해서는 언급하고 있지만 '유리한 점'에 대한 항목이 없는 것도 걸린다.

이렇게 보면 쿠와바라 씨의 서브 이슈는 소위 북쪽으로 가는 길은 상세히 그려져 있는데, 남쪽으로 가는 길은 하나밖에 그려져 있지 않은 불충분한 지도 같은 인상을 준다. 서브 이슈는 '이것을 보면 전체를 알 것 같다'고 하는 포괄성(MECE)이 중요하다.

시라기 류스케 씨의 답안과 강평

· 당신은 비즈니스에서 무엇을 하고 싶은가?

· 그 목표를 달성하기 위해서 MBA 취득은 어떠한 도움이 될까?

· MBA 취득 이외에 방법은 없는가?

시라기 씨의 답안은 중복이 없고, 생각해야 할 포인트가 정확하게 제시되어 있다. MBA 취득이 정말로 친구의 목적에 맞는가를 검토할 수 있고, 그 목적에 대해서 MBA 이외의 수단이 없는지도 검토되고 있다.

그러나 MBA 취득과 관련해서 불리한 점은 없는가?

MBA를 취득해서 일에 성공했지만, 그 때문에 약혼자와 헤어졌다면 좋은 것일까? 검토할 필요가 있다.

[니시카와 이치에이 씨의 답안과 강평]

· MBA란 도대체 어떠한 것인가?

· MBA 취득의 유리한 점과 불리한 점은 무엇인가?

· 비즈니스 실력을 키우기 위해서 다른 방법은 없는가?

니시카와 씨의 서브 이슈에서는 '유리한 점'과 '불리한 점'이 모두 검토대상이 되어 있다는 점에서 균형이 잡혀 있다. 여기서 불리한 점으로는 사생활과의 관계나 금전적인 희생에 대해서 생각해 볼 수 있을 것이다.

여기에 한 가지 더 추가한다면 '실제로 취득이 가능한가?'하는 점이다. 경제적인 면, 준비를 위한 시간, 어학 실력 등을 고려하여 '실제로 가능한가?'라는 항목을 생각해 보자는 것인데, 이것은 불리한 점과는 별도로 검토하는 것이 현실적이다. 이상의 내용을 정리하여 다음과 같은 서브 이슈를 최종안으로 하자.

연습2의 서브 이슈

- MBA란 도대체 어떠한 것인가?
- MBA 취득으로 얻는 유리한 점은 뭔가?
- 불리한 점은 뭔가?
- 실제로 취득할 수 있는가?
- 비즈니스 실력을 키우는데 다른 방법은 없는가?

2 연습 2 손으로 조립하는 자전거

과 제 당신은 우연히 다음과 같은 기사를 읽게 되었습니다.

—아사히신문, 2002년 2월 25일자 기사 중에서—

"자신이 쓸 자전거를 스스로 조립해보지 않겠습니까?" 우지이에 마사히로 씨(67)는 벌써 6년 째, 이런 글귀로 시작되는 '손으로 조립하는 자전거'라는 제목의 인쇄물을 가게 앞에 비치해 두고 있다.

핸들이나 브레이크 등의 부품을 하나 하나 조립한다. 프로라면 2시간 반만에 끝나지만 아마추어라면 하루가 걸린다. 그는 고객에게 무료로 자전거 조립법을 알려주고 있으며, 부품비용으로 약 1만 7천엔이 드는데, 확실한 품질의 국산품을 사서 쓰자면 어쩔 수 없다. 고객이 중간에 힘들어하면 나머지는 조립해준다.

근무하던 회사를 그만두고 치바현 이치카와시에 자전거점을 연 것은 13년 전이다. 어렸을 때부터 기계를 만지작거리는 것을 좋아했다.

그러나 가게에 오는 요즘 어린이들을 보고 놀랐다. “체인에서 이상한 소리가 나요”라며 온 중학생은 진흙받이가 조금 굽어서 마찰음이 날 뿐인 것을 알아차리지 못한 것이었다. “페달이 무거워요”라며 온 초등학생의 자전거는 타이어의 공기가 빠져 있을 뿐이었다. 이에 대해서 그는 “너무하다 싶을 정도로 손재주도 관찰력도 없어. 자기 자전거를 잘 보려고도 하지 않아.”라고 말한다.

물론 어린이들만 탓할 수는 없다. 자전거는 가격이 싸지면서 ‘일회용’ 생활용품처럼 간주되는게 현실이다. 고장나면 수리하는 것보다는 새 제품을 구입하는 것이 편한지, 방치된 자전거를 보관소로 옮겨다 놓아도 찾으러 오지 않는 사람이 늘어난다는 얘기도 들었다.

‘손으로 조립하는 자전거’는 물건을 만드는 즐거움을 전하고 싶다는 마음에서 시작한 아주 작은 시도다. 하지만 최근 6년 사이에 손님은 한 명도 오지 않았다. “선전부족일 뿐예요.” 이렇게 말하면서 우지이에 씨는 쓴웃음을 지었다. 가게는 적자의 연속이지만, 끈기있게 손님을 기다려볼 심산이라고 한다.

당신은 이 기사에 있는 자전거 점주 우지이에 마사히로 씨가 가지고 있는 문제의식에 공감을 느끼고 있지만 아직은 어떻게 해야 그 문제를 해결할 수 있을지 잘 모릅니다.

① 우지이에 씨가 ‘손으로 조립하는 자전거 교실’을 계속 고집하고 있는 문제의식, 말하자면 우지이에 씨의 메인 이슈는 무엇일까?

② ‘손으로 조립하는 자전거 교실’을 성공시키기 위해서는 어떻게 하면 좋은지, 서브 이슈를 생각해주십시오.

과제①의 답안과 해설

우선 수강생의 답안 중에 대표적인 것을 보도록 하자.

[이시카와 에츠코 씨의 답안과 강평]

어린이들에게 자전거 조립을 통하여 물건을 만드는 즐거움을 전하고 싶다.

이시카와 씨의 답안은 이번 수강생 대부분이 답한 것과 같았다. 기사 중에 '손으로 조립하는 자전거 교실'은 '손으로 직접 만드는 즐거움을 전하는' 것이 목적이라고 되어 있으므로, 이 목적에 순순히 따르면 이것이 정답이란 얘기가 된다.

그럼 이 이슈에 따라서 기사를 다시 읽어보자. 기사에는 "너무하다 싶을 정도로 손재주도 관찰력도 없어. 자기 자전거를 잘 보려고도 하지 않아"라는 어린이들에 대한 얘기를 예로 들고 있고, 이것이 자전거 점주 우지이에 씨의 문제의식이라는 것을 알 수 있다. 그러나 여기서 우지이에 씨가 주목하고 있는 것이 '물건을 만드는 즐거움' 자체라고는 하기 힘들다. 즉, 우지이에 씨는 '물건을 만드는 즐거움'이라는 말은 하고 있지만, 그가 기자에게 말하고자 한 내용은 '즐거움'이 아닌 다른 데 있다.

그 점을 생각해서 양자를 종합하여 이슈로 삼은 것이 오와키 씨이다.

[오와키 나오히코 씨의 답안과 강평]

손재주도 관찰력도 없는 어린이들에게 물건을 만드는 즐거움을 전하려면 어떻게 해야하나?

오와키 씨의 답에서는 물건을 만드는 즐거움을 전할 상대방에 대하여 "손재주도 관찰력도 없는 어린이들" 이란 정의를 더하여 우지이에 씨의 문제의식을 끌어들이려고 생각했다.

그러나 여전히 '손재주도 관찰력도 없는' 것과 '손으로 직접 만드는 즐거움'의 관계가 분명하지 않고, 어느 쪽에 대해 생각하면 좋을지도 잘 모르겠다. 이래서는 이슈로서의 역할을 제대로 할 수 없다. 한 발 더 깊이 들어가 봤으면 싶다.

'손재주도 관찰력도 없는 것'과 '손으로 직접 만드는 즐거움'은 어떠한 관계에 있는 걸까?

우지이에 씨의 생각을 중심으로 더듬어 가보자. 사람들은 자전거의 가격이 싸지면서 자전거를 마치 한 번 사용하고 폐기하는 일회용 물품처럼 생각하다보니까, 자전거의 얼개나 구조를 이해하고 고장이 나면 고쳐서 계속 사용하는 일은 생각도 하지 않게 되었다. 이 때 손으로 직접 만드는 즐거움을 경험하면서 그 속에서 자전거의 구조를 이해하게 되면, 자전거를 지속적으로 사용하는데 필요한 마음가짐이나 기술을 몸에 익힐 수 있을 것이다… 이것이 우지이에 씨의 생각이 아니었을까.

그렇다면, 여기서 우지이에 씨의 목적은 '손으로 직접 만드는 즐거움'보다는 '손으로 직접 만드는 과정 속에서 손재주나 관찰력을 키운다' 쪽이 아닐까? 물론 우지이에 씨가 수단과 목적을 의식적으로 나누어 생각하고 있는 것은 아니지만, 어쨌든 이렇게 정리하는 것이 합리적이라고 본다.

이 점을 생각해서 이슈를 정한 것이 다음의 답안이다.

[세키 아키라 씨의 답안과 강평]

자전거를 손으로 직접 만듦으로써, 요즘 어린이들에게 부족한 관찰력이나 손재주를 몸에 익히게 할 수 없을까?

이 이슈에서는 손으로 직접 만드는 것은 '수단'이고, 관찰력이나 손재주를 몸에 익히는 것이 '목적'이라는 점이 명확하게 표현되어 있다.

그럼 실제로, 우지이에 씨에게 '손으로 직접 만드는 것의 즐거움과 관찰력 · 손재주를 익히는 것' 중 어느 쪽이 당신의 목적인가요? 하고 묻는다면, 어떤 답이 돌아올까? 아마도 "양쪽 다 목적이지 어느 한쪽은 목적, 다른 한쪽은 수단이라고 나눌 수 없다. 둘 다 중요하며 서로 상승 효과를 줄 것"이라는 답이 돌아올 것이다.

필자는 카피라이터로서 수많은 사람들과 인터뷰를 해 보았는데, 대부분의 사람들은 자신의 생각을 그렇게 구조적으로 분석하고 있지는 않다. 수단과 목적도 그렇게 명확하게 나누어서 생각하지 않는다.

그렇다고 해서 수단과 목적이 엉망으로 뒤섞여버려서는 안 된다. 그래서 인터뷰하는 측에서 상대방의 이야기를 들으면서 "어느 쪽이 수단이고 어느 쪽이 목적인가?"를 논리적으로 판단하여 상대방이 진짜 말하고자 하는 것이 무엇인지를 파고 들어가지 않으면 이야기의 본질에 다가가지 못한다.

여기서도 마찬가지다. 우지이에 씨에게 물을 것이 아니라, 밖에 드러나 있는 말 뒤에 감추어져 있는 진정한 문제의식에 접근하여 생각을 재구축해야 한다. 이것은 인터뷰어의 중요한 능력 중의 하나이며, 이슈를 정할 때에도 이와 유사한 능력이 요구된다.

이상과 같이 생각해 보면, 우지이에 씨의 경우 실제의 문제의식(이슈)은 '자기 손으로 직접 만드는 것'이 수단이고 '관찰력 · 손재주를 익힌다'가 목적이라고 생각하는 쪽이 자연스러울 것이다.

생각을 좀 더 진행시켜 보자면, 우지이에 씨는 아이들이 관찰력이나 손재주를 몸에 익혀서, 도구(자전거)를 오래 오래 사용할 수 있게 하는, 도구를 사용하는 인간으로서 당연히 지녀야할 '살아가는 힘'을 익히기를 바라고 있는 것일 수도 있다. 필자가 기자라면, 이 점을 우지이에 씨에게 물어본다든가 하여 우지이에 씨의 진정한 문제의식이 어디에 있는지를 찾았을 텐데, 기사를 쓴 기자는 인터뷰를 거기까지 진행시키지는 않은 것 같다.

이상의 과정을 통해서 이 건의 이슈는 세키 씨의 답안을 조금 수정하여,

연습2의 메인 이슈

아이들이 자전거를 손으로 직접 만드는 과정에서 관찰력을 키우고 손재주를 익히게 하려면 어떻게 해야 할까?

로 해두자.

과제②의 답안과 해설

그럼, 먼저 세키 씨의 서브 이슈를 보도록 하자.

[세키 아키라 씨의 답안과 강평]

· 대상은 어떤 사람인가?
· 자전거를 조립함으로써 어떤 힘이 키워지나?
· 자전거를 손으로 직접 만든다고 할 때, 어떤 자전거를 말들 수 있나?
· 자전거 조립이 즐겁다고 느끼게 하려면 어떻게 해야 하는가?

서브 이슈를 만들 때는 각각의 서브 이슈만을 검토하면 메인 이슈에 대해서 꼭 검토해야 할 것만을 골라 모두 다 검토했다고 말할 수 있어야 한다. 서브 이슈는 메인 이슈와 직접적으로 연결되는 것만을 빠뜨리지 않고 선정해야 한다는 것이다.

최초의 서브 이슈로 세키 씨는 타깃에 대해 생각하려고 하고 있다. 메인 이슈에서는 '아이들'이라고 포괄적으로 되어 있지만, 나아가 연령이나 특성 등을 생각해두자는 것이다.

다음 서브 이슈는 '어떤 힘이 키워질까?'라고 되어 있는데, 그것보다는 '자전거 조립을 하면 왜 관찰력이나 손재주를 익힐 수 있는가?'라는 질문이 되어야 하지 않을까? 서브 이슈를 만들 때는 메인 이슈와의 연결성을 분명히 해야 한다는 것을 다시 한 번 강조한다.

세 번째 서브 이슈는 기사에는 없지만 중요한 포인트가 될 만한 것이다. 1만 7,000엔이라면 요즘 자전거로서 싸다고는 할 수 없다(품질을 생각하면 싼 것이겠지만). 그 가격에 해당하는 비용을 지출해서 손으로 만든 자전거는 얼마나 쓸만한 자전거일까. 만약, 그렇게 만든 자전거가 별로 매력적인 수준의 것이 아니라면, 아무리 직접 조립하는 재미가 있다고 해도 그 정도의 돈을 내면서까지 즐기기는 힘들다.

네 번째의 '조립 그 자체가 즐겁다고 느끼게 하는 방법'도 생각해볼 가치가 없는 것은 아니다. 그러나 실제로 무엇을 생각할 수 있을지를 상상해보면 그다지 마땅한 방법이 떠오르지 않는다. 조립을 매직 쇼처럼 특별한 퍼포먼스로 진행하는 것은 아무래도 아닌 것 같고, 조립은 어디까지나 담담하게 조립하는 행위 그 자체로서 즐길 수 있어야 하지 않을까. 그것이 오히려 우지이에 씨의 취지에는 맞을 것이다. 어쨌든 이 서브 이슈는 구체적으로 들어가 보면 생각해야 할 것이 별로 없는 것 같다.

덧붙여서 세키 씨는 보충해서 '단지 자전거를 조립할 뿐 아니라,

자전거 타는 법, 노는 법 등도 가르치면 재미있지 않을까' 하고 썼다.

이것도 좋은 아이디어지만, 이것은 '조립하는 것을 즐긴다'고 하는 것과는 별개의 것으로서 '조립하는 것 이외에 부가적인 즐거움을 주는 것도 가능하지 않으냐'는 의견을 내놓는 정도로 보아야 할 것 같다.

그냥 '이것을 생각하자'고 하는 것과 '이 이슈에 대해서 생각한다'고 하는 것 사이에는 미묘한 차이가 있다는 것에 주목하자. 양자를 혼동하는 것은 이러한 작업에 익숙하지 않은 사람에게서 자주 나타나는 패턴이다. 이러한 혼동에 빠지지 않도록 세심한 주의를 했으면 한다.

다음으로 후카미즈 씨의 답안을 검토해 보자.

[후카미즈 도모오 씨의 답안과 강평]

· 어떻게 '손으로 조립하는 자전거교실'에 사람을 모을 것인가?
· 어떻게 하면 모인 사람들이 자전거 만들기를 통하여 물건을 함부로 다루는 것은 좋지 않은 일이라고 생각할 수 있게 될까?

후카미즈 씨는 메인 이슈를 '물건을 함부로 다루지 않는 사람을 늘리려면 어떻게 하면 좋은가?'라고 상정하고 있으며, 세키 씨와 마찬가지로 '손으로 직접 만드는 즐거움'은 수단이고 목적은 따로 있다는 점을 간파하고 있다. 후카미즈 씨는 그 진짜 목적을 '물건을 함부로 다루지 않는 것'으로 했다(내용적으로는 좋지만, 가능하면 부정형 '~하지 않는다'를 긍정형으로 표현하는 것이 좋겠다).

이러한 메인 이슈에 대해서 '교실에 사람을 모으는 방법'과 '함부로 다루지 않는 것을 배우는 방법'의 2가지를 서브 이슈로 하고 있다.

앞서 본 세키 씨의 서브 이슈에서는 교실에 사람을 모으는 방법에 대한 것이 없었다. '내용이 좋은 교실이라면 사람이 모일 것이다'라는 발상이 은연중에 전제되어 있었기 때문일 것이다. 이와 같은 사고의 '습관'은 세키 씨가 상당히 전문적인 분야의 엔지니어라는 사실과 무관하지 않을 것이다. 사람의 발상은 자신이 하는 일이나 생활 환경에 의해 제한을 받는다고 보아야 할 것이다.

여기서는 두 사람의 답안을 종합하여,

연습2의 서브 이슈

- 어떻게 '손으로 조립하는 자전거 교실'에 사람을 모을 것인가?
- 자전거를 조립하면 왜 관찰력이나 손재주가 몸에 익을까?
- 대상은 어떤 사람인가?
- 자전거를 직접 조립하면 어떤 자전거를 만들 수 있을까?
- 자전거 조립을 즐겁다고 느끼게 하려면 어떻게 해야 좋을까?

이러한 것들을 서브 이슈로 해두고 싶다.

물론 이것이 유일한 정답은 아니다. 중요한 것은 메인 이슈를 정하면 그 다음에는 반드시 서브 이슈를 설정하는 것을 습관화할 것, 그리고 서브 이슈는 메인 이슈에 직접 관련되는 방향으로 잡을 것,

이 두 가지를 기억했으면 한다.

3 이슈의 중요성

사전에 이슈를 발견하는 습관을 들여라

앞의 예에서 이미 메인 이슈와 서브 이슈의 관계를 살펴보았지만, 스스로 손을 움직여서 과제를 풀어 보려고 한 사람이라면, 실제로 적절한 이슈를 생각해 내는 것이 꽤 어렵다는 것을 실감했을 것이다.

하지만 메인 이슈를 설정하지 않으면 올바른 사고가 불가능하다는 점을 명심하고, 어떠한 과제로 받았을 때에는 반드시 이슈를 생각하는 습관을 붙이도록 하자. 그리고 메인 이슈가 정해졌다고 하여 바로 본론으로 넘어가려 하지 말고, 메인 이슈를 서브 이슈로 분리해 두는 것도 습관화해야 한다.

이슈를 적어 두고 끝까지 이슈에 따라 생각하라

일단 메인 이슈와 서브 이슈를 설정했으면 그것을 한 쪽에 적어 두고 항상 참조할 수 있도록 해야 한다.

이슈에서 벗어나지 않고 마지막까지 그 이슈에 따라서 생각하는 것은 이 다음 과제에서도 반복해서 다루겠지만, 메시지 작성을 하는 과정에서 기본 중의 기본이므로 반드시 명심하기 바란다.

이슈 설정 능력을 향상시키려면

초기에 적절한 이슈를 설정하는 능력을 기르기 위해서는 상황에 따라 다를 수도 있겠지만, 여러 사람이 함께 토론하고 검토하는 방법을 사용하는 것이 좋다. 이 책에서도 의견이 서로 다른 이슈를 비교하면서 어느 이슈가 좋은지 선택해 가는 방식을 사용하고 있는데, 이것을 몇 명의 팀에서 해보는 것이다.

우선 중요한 것은 나의 이슈와 다른 사람의 이슈에 어떤 '차이'가 있는지 꼭 집어 말해 보도록 한다. 그래서 이슈에 차이가 있을 경우에 나오는 답(무엇을 주장할 수 있나 ; 메인 메시지)은 어떻게 달라지며, 그 중 어느 답이 읽는 사람에게 가장 잘 들어맞는지를 생각해 보는 순서로 연습을 해야 한다. 처음에는 익숙하지 않아서 상대방의 이슈와 자신의 이슈의 차이를 한마디로 지적하는 것이 어렵겠지만, 그래도 처음에는 끈기를 가지고 집중했으면 한다. 반복해서 연습하는 사이에 당신의 능력은 서서히 향상될 것이다.

STEP 2 논리적 구조 발견하기

1 연습 3 노트북 컴퓨터를 새것으로 바꾼다

과 제 당신은 이번에 받은 보너스로 노트북 컴퓨터를 최신 기종으로 바꿀지 말지 망설이고 있다. 지금 사용하고 있는 노트북은 대학시절에 아르바이트를 하여 산 것으로, 아직 쓸 수는 있지만 속도도 늦고 최신 프로그램을 사용할 수 없다는 것도 흠이다.

그래서 서브 이슈로서,

- 이대로 계속 사용하면 언제까지 쓸 수 있을까?
- 최신 기종이기 때문에 할 수 있는 새로운 기능은 무엇인가?
- 최신 기종으로 바꾸는 것은 경제적으로 가능한가?

이상 3가지를 생각하고 있었다.

그런데 노트북 건을 애인에게 얘기했더니, "노트북을 사기보다는 그 돈으로 이번 휴가때 해외여행을 가자" 고 한다.

애인을 읽는 이로 상정할 경우, '노트북을 사고 싶다' 는 메인 메시지를 전하기 위해서 어떤 서브 이슈를 설정해야 좋을까?

※ 서브 이슈는 가능한 한 적은 편이 좋지만, 읽는 이의 의문을 어느 정도 포괄할 수 있는 내용으로 하는 것이 중요하다.

※ 위에 쓴 3가지 이슈 이외의 여러 가지를 재검토하여 새로운 서브 이슈 리스트를 만들어도 좋다.

서브 이슈를 생각할 때는 읽는 이를 기준으로 설정하라

이 과제도 Step1의 과제에 이어서 계속 서브 이슈를 다룬다. Step1의 과제에서는 이슈에 대하여 '스스로 생각하기' 위해서 서브 이슈를 설정했었다. 메인 이슈 전체를 한번에 생각하려 들면 사고가 미치지 못하는 부분(새나감)이 나오거나, 불필요하게 중복해서 생각하는 부분(겹침)이 나오는 경우가 있으므로, 몇 개의 영역으로 나누어서 빈틈없는 사고를 하자는 의도에서 서브 이슈를 설정한 것이다.

Step2에서 서브 이슈를 다룰 때에는 거기에 더하여, 이슈에 대해 혼자서 생각할 때와 자신이 생각한 것을 '다른 누군가에게 전달'할 때를 함께 생각해보겠다. 이렇게 하면 생각하는 포인트가 바뀌지 않는 부분도 있겠지만, 바뀌는 부분도 나온다. 그 차이를 체감하는 것이 Step2의 주된 목적이다.

다시 말하건대, 혼자서 생각을 정리해 보기 위한 서브 이슈와 상대방에게 전달하기(설득 = 의사 전달) 위한 서브 이슈는 반드시 동일하지 않는다는 점에 주의하자.

구체적으로 연습을 해 보면서 연구해 보자.

MECE에 너무 집착하지 마라

[스즈키 카즈유키 씨의 답안과 강평]

메인 메시지 : 노트북을 사고 싶다.

서브 이슈 :

- 최신 기종으로 바꾸면 나는 무엇을 얻을 수 있는가?
- 최신 기종으로 바꾸면 애인은 무엇을 얻을 수 있는가?
- 노트북 교체와 해외여행은 양쪽 다 가능한가?
- 가능하지 않은 경우 어느 쪽을 우선해야 하나?

스즈키 씨의 서브 이슈는 MECE를 상당히 의식하면서 만든 것이다. 모든 경우를 포함하는 치밀한 메시지를 만들기 위해 노트북을 바꾸었을 때 자신과 애인에게 돌아올 이득을 검토하고, 그 다음 양쪽 다 실행하는 것이 가능한 지 검토하고, 나아가 무리일 경우는 우선순위를 어떻게 해야 할지 정하려는 것이다.

이 서브 이슈의 문제점은 서브 이슈가 메인 이슈에 제대로 맞추어져 있지 않은 점에 있다. 메인 이슈는 '노트북을 최신 기종으로 바꾸는' 것으로, 그것을 어떻게든 애인에게 설득하는 데에 목적이 있다. 따라서 마지막 서브 이슈에서 '어느 쪽을 우선해야 하나?'라는 점을 생각하는 것은 문제가 있다. 만들고 싶은 메시지는 '최신 기종으로 바꾸고 싶다'이지, '해외여행을 간다'가 아니기 때문이다.

메인 이슈는 잡혀 있는데 서브 이슈 단계에서 메인 이슈를 벗어나는 경우는 의외로 많다. 지금 무엇때문에 머리를 싸매고 있는지를 분명하게 의식하고 있느냐 아니냐 하는 것은 이러한 부분에서 드러난다.

또 하나의 문제는 애인에 대한 설득 논리를 '애인이 얻을 수 있는 것'에 두고 있는 점이다. 분명히 노트북을 신제품으로 바꿔서 애인이 이득을 얻을 가능성도 있지만, 현실적으로는 그다지 중요한 이득은 아닐 것이다.

따라서 노트북에 의한 이득을 생각하기보다는 다른 것을 해줌으로써 위로를 하자고 생각하는 편이 현실적일 것이다. MECE라는 기준만 가지고 생각할 때 놓치기 쉬운 부분이 이 점이다(63페이지 ; '서브이슈는 MECE에 지나치게 구애받을 필요가 없다' 참조). 생각하는 사람(자신)이 아니라 읽는 사람(애인)이 알고 싶은 것을 생각하고, 그것을 빈틈없이 커버하는 서브 이슈를 생각해내야 한다.

애인의 관심은 만약 해외여행을 가지 못한다면, 달리 어떤 즐거움이 있을 수 있을까 하는 점이 아닐까? 남녀의 어긋남은 이러한 사고의 어긋남에서부터 일어나는 경우가 많다(남녀간의 문제 중에는 의외로 논리적으로 분석할 수 있는 것도 있다).

[무라이 타케시 씨의 답안과 강평]

· 새 노트북 구입과 해외여행은 양자 택일의 문제인가?
· 양자 택일이라고 치고, 새 노트북 구입이 애인에게도 해외여행을 뛰어넘을 만큼의 기쁨을 주는 이벤트가 될 수는 없는가?

무라이 씨의 답안을 애인에게 얘기하기 전에 우선 자신의 생각을 정리하기 위한 서브 이슈로서 중요한 포인트를 잘 짚고 있다. 정답이라 해도 좋을 것이다.

논리를 위한 논리가 되지 않도록 주의하라

[나카지마 노부히로 씨의 답안과 강평]

· 최신 기종으로 일의 능률이 올라가는가?
(지금 사용하는 노트북으로는 능률이 떨어지는가?)
· 일과 관련한 능력 평가는 다음 번 이후의 보너스와 급여에 영향을 주는가?
· 자금(급여, 보너스)이 많으면 해외여행은 더욱 즐거워지는가?

나카지마 씨의 서브 이슈는 치밀함이 돋보이지만, 지나치게 치밀하게 하려다 오히려 자신의 좁은 사고 속에 빠져버린 감이 있다. 노트북을 신제품으로 바꾸는 목적이 과제에는 특별히 나타나 있지 않다. 나카지마 씨의 서브 이슈를 보면 자택에 회사 일을 가지고 가기 위해 노트북을 사용한다는 전제가 깔려 있는데, 과제만으로는 회사 일을 하는 것이 노트북 사용의 주된 목적인지 어떤지는 알 수 없다.

나카지마 씨의 가설대로 일이 주된 목적이고, 신제품으로 바꿈으로써 일의 능률이 올라가고 수입이 는다면 "다음 보너스로 더 풍요로운 여행을 할 수 있다"는 설득도 가능할 것이다. 그러나 현실적으로 보았을 때 노트북의 성능이 다소 올라갔다고 해서 일의 결과에 큰 변화가 온다고 보는 것은 무리가 있고, 또 일의 능률이 향상된다고 해도 그것이 '승진이나 일의 보람' 정도가 아니라 '(다음 달의) 보수로 직결'된다고 가정하는 것도 설득력이 떨어진다. 가설로서는 있을 수 있지만, 현실적이지 않은 가설 아래 서브 이슈를 만들면 거기서 만들어진 결과는 설득력이 떨어질 수밖에 없다.

서브 이슈를 생각할 때만이 아니라 논리적으로 사고하는 모든 경우에서 논리적으로 만들어낸 결과가 현실에 비추어, 그리고 상대방의 입장에 비추어, 정말로 의미 있는 내용이라고 할 수 있는지 점검할 필요가 있다. 논리와 현실의 괴리는 어느 정도 사고력을 익힌 사람에게 많이 나타나는 오류이므로 주의하기 바란다.

2 연습 4 다이어트

과 제 당신은 최근 반년 동안에 몸무게가 5kg이나 불어서 고민하고 있다. 그래서 그다지 내키지는 않지만 다이어트를 해야겠다고 생각하던 중에, 자신이 납득할 수 있는 다이어트의 필요성을 찾기 위해 다음과 같은 서브 이슈를 만들어봤다.

- 정말로 다이어트는 필요한가?
- 실제로 체중을 줄이는 것은 가능한가?
- 다이어트에 필요한 '참을성' 에는 어떠한 것이 있는가?

이와 같이 생각하고 있던 참에, 마침 텔레비전에서 '업무 스트레스와 체중 증가' 라는 주제의 프로그램이 방영되는 것을 보고, 자신이 설정한 서브 이슈에 부족함이 있을지도 모른다고 생각하기 시작했다. 어떠한 서브 이슈를 더하면 좋을까.

새로운 정보의 추가는 전체 논리에 어떠한 영향을 미치는가?

이 과제에서는 '업무 스트레스와 체중 증가'라는 정보가 새로이 더해짐으로써 전체의 논리가 어떻게 변하는지를 보는데 초점을 맞춘다

논리라고 하면 불변의 것, 단단하고 확실한 것이라는 이미지가 있을지도 모르지만, 실은 상황에 따라서 다이나믹하게 변화할 수 있는 것이 논리이다.

'연습3'에서는 읽는 사람, 즉 애인이 '해외여행을 가고 싶어한다'는 것을 알게 됨으로써 서브 이슈가 어떻게 변화하는지를 봤는데, 이번 연습에서는 가지고 있는 정보에 '업무 스트레스와 체중 증가'라는 정보가 추가될 때, 전체 논리에 어떠한 영향이 있는지를 보도록 하자.

[오와키 나오히코 씨의 답안과 강평]

· 반년만에 체중이 5kg이나 증가한 것은 업무 스트레스 때문인가?
· 업무 스트레스와 체중 증가간에는 인과관계가 있는가?
· 업무 스트레스로 체중이 증가한 것이라면, 다이어트를 하는 것보다 업무 스트레스의 해소가 중요하지 않은가?

'업무 스트레스와 체중 증가'라는 새로운 정보의 의미를 생각하면, 체중 증가라는 현상에 대하여 '업무 스트레스'라는 원인이 더해졌다고 생각할 수 있다. 이 점을 생각하면서 처음에 설정한 서브 이슈인,

- 정말로 다이어트는 필요한가?
- 실제로 체중을 줄이는 것은 가능한가?
- 다이어트에 필요한 '참을성'에는 어떠한 것이 있는가?

를 보면, 체중 증가의 '원인'이라는 요소가 들어가 있지 않은 것을

알 수 있다. 오와키 씨는 이 점을 알아차리고, '반년만에 체중이 5kg이나 증가한 것은 업무 스트레스 때문인가?'라는 서브 이슈를 만들었다. 이 발견은 중요하다.

서브 이슈는 엄선하라

그러나 오와키 씨는 여기에 머물지 않고, 나아가 '업무 스트레스와 체중 증가간에는 인과관계가 있는가?', '업무 스트레스로 체중이 증가한 것이라면 다이어트를 하는 것보다 업무 스트레스의 해소가 중요하지 않은가?' 하는 2가지 서브 이슈를 더 추가했다. 이 2가지를 더하면 서브 이슈는 모두 6개가 된다. 오와키 씨가 추가해서 만든 서브 이슈 중 앞 부분의 2가지 서브 이슈,

- 반년만에 체중이 5kg이나 증가한 것은 업무 스트레스 때문인가?
- 업무 스트레스와 체중 증가간에는 인과관계가 있는가?

는, 전자가 체중 증가의 원인이 스트레스에 있는지 아닌지를 검토하자는 것이고, 후자는 스트레스와 체중 증가간의 인과관계라는 일반론적 검토를 하자는 것이다.

일반론을 검토하는 것도 중요하지 않은 것은 물론 아니지만, 이미 텔레비전 프로그램을 보았고, 그 내용에 어느 정도 설득력을 느꼈기 때문에 기존의 서브 이슈를 바꾸려고 생각한 것으로 보아야

할 것이다.

그렇다고 한다면, 이 일반론을 다시 검토하는 것은 자신의 체중이 증가한 구체적인 원인을 생각하는 것보다는 우선순위가 떨어지므로, 여기서 새삼 추가하여 고민할 것까지는 없지 않을까. 또 추가한 세 번째 항목의,

---

· **업무 스트레스로 체중이 증가한 것이라면, 다이어트를 하는 것보다 업무 스트레스의 해소가 중요하지 않은가?**

는 '반년만에 체중이 5kg이나 증가한 것은 업무 스트레스 때문인가?'하는 서브 이슈가 검토된 다음에 결론으로서나 도출할 수 있는 내용이다. 따라서 이것은 서브 이슈로서가 아니라 서브 이슈의 서브 이슈로 자리해야 할 것이다. 만약에 자신이 살찐 원인이 스트레스라면, 스트레스를 없애는 문제가 당연히 그에 이어지는 하위의 서브 이슈가 될 터이니까.

· **반년만에 체중이 5kg이나 증가한 것은 업무 스트레스 때문인가?**

→ **업무 스트레스로 체중이 증가한 것이라면, 다이어트를 하는 것보다 업무 스트레스의 해소가 중요하지 않은가?**

이렇게 생각해 가다보면, 결국 새로이 추가해야할 서브 이슈는 3가지 중에서 '반년만에 체중이 5kg이나 증가한 것은 업무 스트레스 때문인가?'로 된다.

전체의 논리적인 구조는 다이나믹하게 변화하는 것이며, 새로운 정보가 추가되면 구조도 변할 수 있는 것이다. 결국 '체중이 증가한 원인'이란 요소를 더하여 전체의 논리적 구조의 변화를 꾀한 것은 좋았는데, 거기에 휘둘려서 중요도가 떨어지는 것들까지 서브 이슈로서 추가하려 한 것이 문제였다.

메시지의 논리적 구조는 세부적으로 만들어져도 좋지만, 그렇다고 하여 이것저것 다 넣게 되면 구조가 방만해진다. 서브 이슈를 설정할 때는 최소한으로 최대의 효과를 낼 수 있도록 해야 한다.

무라이 타케시 씨의 답안과 강평

- 반년 사이에 체중이 증가한 원인은 무엇인가? (새로이 추가한다)
- 원인을 알았다고 치고, 그 원인을 제거하는 방법은 있는가?
  ('실제로 체중을 줄이는 것은 가능한가?' 를 바꿔서)

무라이 씨의 서브 이슈는 스트레스와의 관계도 포함시키면서 '원인을 생각한다'는 항목을 더하였다. 그리고 '실제로 체중을 줄이는 것은 가능한가?'라는 서브 이슈를 '원인을 제거하는 것은 가능한가?'라는 서브 이슈로 대체했다.

원인이 제거되면 당연히 체중이 증가하지 않겠지만, 만약의 경우 원인을 제거할 수 없는 경우라 하더라도 대증요법적인 방식을 사용하여 체중 증가를 막을 수도 있는 것 아닐까.

그렇게 되면, 두 번째 서브 이슈는 대체할 것이 아니라 추가하는 것이 좋겠다.

연습4의 서브 이슈

- 정말로 다이어트는 필요한가?
- 반년 사이에 체중이 증가한 원인은 무엇인가?
- 원인을 알았다고 치고, 그 원인을 제거할 방법은 있는가?
- 원인을 그대로 남겨 두고도 체중을 줄이는 것은 가능한가?
- 다이어트를 위해 필요한 '참을성'에는 어떠한 것이 있나?

이와 같은 5개의 항목만 있으면 다이어트를 위해 나 자신을 설득하는 근거로 사용하는데 충분하다고 생각된다.

3 서브 이슈는 설득 논리의 기본

서브 이슈는 메시지의 논리적 구조 그 자체

지금까지 '연습1~4'에서 메인 이슈와 서브 이슈의 관계에 대해서 살펴보았다. 메인 이슈에서 메인 메시지가 만들어지고, 서브 이슈에서 키 라인 메시지가 만들어진다. 메인 메시지(주장)는 제안의 핵심이다. 하지만 단독으로 제시된 주장은 설득력이 떨어진다. 그 주장을 밑받침하는 기둥을 만들어 넣어야 여기저기에서 밀려도 흔들리지 않는 튼튼한 구조물이 된다. 이 기둥에 해당되는 것이 키라인 메시지라고 했다. 메인 이슈에서 메인 메시지가 나오고, 서브 이슈에서 키 라인 메시지가 나온다. 그런 점에서 메인 이슈와 서브 이슈는 설득력 있는 메시지를 만들어내는 골격이라고 할 수 있다.

적절한 수의 적절한 서브 이슈들이 선정되어 각각 자기 위치에서 메인 이슈를 제대로 밑받침해 주면, 논리적 구조가 단단한 메시지를 만들어낼 수 있고, 그 단단함이 곧 설득력으로 이어지는 것이다.

서브 이슈는 변화한다

그러나 단단한 논리적 구조를 만드는 과정에서 시행착오를 통해 서브 이슈를 선정해 들어가는 것도 좋다. 메인 이슈만을 검토해서 설정할 수 있는 서브 이슈, 메인 이슈를 전달할 상대방의 입장에서 생각한 결과 나오는 서브 이슈, 나아가 다양한 정보를 모으는 과정에서 추가할 필요가 생긴 서브 이슈 등.

논리적 구조를 만드는 도중에 서브 이슈를 변화시키는 것 자체는 문제될 게 없다. 그러나 서브 이슈가 변화했을 경우는 메인 이슈와 서브 이슈의 관계를 다시 검토하여, 예를 들어 서브 이슈를 추가한 것 때문에 불필요한 중복은 생기지 않는지, 추가한 서브 이슈가 정말로 메인 이슈와 관계가 있는지 등을 확인해 보아야 한다.

앞에서도 보았듯이 논리적 사고에 익숙하지 않은 사람은 새롭게 발견된 정보 하나에 휘둘려서 전체의 균형을 잃어버리기 쉽다. 이와 같은 사고의 함정을 '최후의 지푸라기(last straw)'라고 부른다.('It 's the last straw which breaks the camel' s back. 낙타의 등을 부러뜨리는 것은 마지막으로 올려 놓은 지푸라기 한 개'라는 격언에서 나온 말 : 역자)

변화를 두려워할 필요는 없는데, 변화가 일어날 때마다 전체로 돌아가 재검토해야 한다는 점을 잊어서는 안 된다. 계속 재검토를 하다보면 제자리에서 맴도는 것 같은 초조함이 생길지 모르지만, 서브 이슈가 완벽에 다가갈수록 메시지의 논리적 구조는 단단해지는 것이므로, 그것이 바로 설득력을 높여가는 과정이라는 확신을 갖도록 하자.

STEP 3 'So What'으로 의미 추출하기

1 연습 5 MD플레이어

과 제 정보:

① 우리회사 MD플레이어는 초소형 경량의 제품으로서 잘 팔린다.

② 고객이 이 분야의 제품을 구입할 때에는 가볍게 들고 다닐 수 있는가 여부를 가장 중시한다.

③ 최근 출시된 MP3플레이어의 무게는 우리회사 주력 상품의 반밖에 안 된다.

Q1 이 3가지 정보에서 메인 이슈 '우리회사 MD플레이어의 장래는?'에 대한 'So What?'은 무엇인가?

Q2 메인 이슈가 '우리회사는 앞으로 이 분야의 제품 전략을 어떻게 잡아야 할까?'라고 한다면, 'So What?'은 어떻게 되나?

의미를 좁히면 생각하기는 쉽지만…

Step3의 연습에서는, So What?의 기본과 응용을 배운다. So What?으로 생각하면 여러 개의 메시지를 생각해 낼 수 있는데, 이 중에서 어느 것이 주어진 상황에서 가장 타당성이 높은 것인지 찾아내야 한다.

So What?을 통해서 추구해야 할 목적의 하나는 많은 정보들 속에서 공통된 의미를 찾아내는 것이다. 이렇게 하여 취급해야 할 정보의 수를 줄이게 되면 생각할 포인트가 간결해지기 때문에 전체를 조망하기 쉬워진다. 즉, So What?에서는 의미있는 메시지를 생각해 내는 힘과 동시에 생각해 낸 메시지들 중에서 가장 적절하다고 생각되는 것을 선별해내는 힘이 모두 필요하다.

[이시이 히로아키 씨의 답안과 강평]

〈A1〉 MD플레이어 분야에서는 우리회사 제품이 초소형 경량의 특징을 유지할 경우 앞으로도 계속 제품을 팔 수 있다.

〈A2〉 휴대용 뮤직플레이어 분야에서는 MD플레이어보다 더 가볍게 들고 다닐 수 있는 MP3플레이어에 주력해야 한다.

Q1에 대한 이시이 씨의 답안 〈A1〉은 MD플레이어는 '계속 팔린다'고 하는 결론에 이르렀다. 그러나 3가지의 정보를 보면 휴대용 뮤직플레이어에 대한 고객의 선호가 '가벼운 것'에 있다는 것을 알

수 있는데, 그럼에도 MP3플레이어보다 두 배나 더 무거운 MD플레이어가 앞으로도 계속 팔릴 것이라고 하는 메시지는 뭔가 억지스러움이 있다. 왜 이와 같은 결론이 나오는 것일까?

그 이유는 이시이 씨가 'MD플레이어 분야에서는'으로 영역을 한정한 데 있다. 즉, MD플레이어 시장 그 자체가 MP3플레이어에 밀려서 축소되는 일이 있다고 해도 MD플레이어 분야에서만큼은 우리회사의 우위성이 무너지지 않는다는 의미이다.

분명히 MD플레이어 시장에서는 우리회사가 지니고 있는 우위성이 유지될지 모르지만, 만약 뮤직플레이어 시장에서 소비자의 수요가 MP3플레이어로 옮겨간다면, 우리회사가 MD플레이어 시장에서 최고의 점유율을 유지한다고 해도 시장 자체가 축소되는 것이니 만큼 전혀 즐거워할 일이 아니다.

영역을 한정해도 논리는 세울 수 있지만, 그 결론이 반드시 현실적 의미를 가진다고는 볼 수 없다. So What?은 논리적 · 형식적 타당성만이 아니라 늘 현실적 타당성 위에서 진행되어야 한다.

한편, 답안 〈A2〉는 과제에 제시된 3가지 정보에 비추어 볼 때 다당성이 있다고 해도 좋을 것이다.

이렇게 보면 마츠자와 씨의 답안이 '정답'이다.

[마츠자와 도시오 씨의 답안과 강평]

〈A1〉 우리회사의 MD플레이어 매출은 위축될 가능성이 높다.

〈A2〉 MD플레이어에서 철수하고 MP3플레이어 개발로 옮겨가야 한다.

깊은 사고가 심도 있는 결론을 도출한다

그러나 과연 MD플레이어와 MP3플레이어는 서로 경합하는 제품일까? 카세트 플레이어와 MD플레이어는 분명 상호 경합하는 제품으로서 지금 카세트 플레이어에서 MD플레이어로의 전환이 일어나고 있다. 그러나 MD가 다시 MP3로 전환될 것인지에 대해서는 아직 뭐라고 이야기할 수 없다.

이렇게까지 이야기를 하게 되면 독자의 입장에서는 주어진 문제를 푸는 데 어느 수준까지 검토해야 하는지에 대한 의문이 들 것이다. 제시된 정보에 한정하여 이야기하자면 위와 같은 검토는 불가능하지 않느냐는 것이다. 물론 위와 같은 분석은 이 책에서 제시한 정보 이외의 정보원(情報源)이 필요하다. 그러나 회사 내에서 얻을 수 있는 정보만이 아니라 책이나 인터넷에 공개되어 있는 정보 등 다양한 정보를 포착할 수 있을 때, So What?의 결과도 더욱 깊어질 것이니 만큼 정보를 확보하기 위한 노력을 포기해서는 안 된다.

물론 정보수집 대상을 어디까지 해야 하는가에 대한 기준이 있어야 하겠는데, 일반적인 정보원으로서 신뢰할만한 정보를 얻을 수 있는 경우라면 모두 정보수집의 대상에 포함하는 것이 좋다.

이런 점에서 심도 있는 결론을 도출해 낸 것이 이시바시 씨다.

[이시바시 세이지 씨의 답안과 강평]

〈A1〉 MD플레이어는 MD플레이어 본체 · CD콤포넌트 · 라디오카세트 등을 이용하고, MP3플레이어는 컴퓨터를 이용한다. 이처럼 양자는 음악을 편집하는 매체가 다르기 때문에, 현시점에서는 충분히 공존이 가능하다. 따라서 우리회사의 MD플레이어는 앞으로도 계속해서 팔릴 것으로 생각한다.

〈A2〉 컴퓨터나 인터넷이 보급되는 가운데 앞으로는 인터넷이 음악의 주요한 유통경로가 될 가능성도 있고, 그렇게 되었을 때 시장에서 밀려나지 않도록 MP3플레이어 개발에 착수하든가, 컴퓨터로 음악을 편집할 수 있는 MD플레이어의 개발에 착수해야 한다.

※ MD플레이어나 MP3플레이어가 어떠한 것인가는 알고 있다고 전제한다.

MD플레이어와 MP3플레이어 간에는 특성 차이가 있기 때문에 '양자간의 제품 전환은 쉽게 일어나지 않는다'는 이야기다. 잘 생각한 타당한 결론이다. 나아가 〈A2〉에서 PC보급이 늘어나고 있는 점을 주시, 제품 생산을 MP3플레이어로 전환해야 한다는 메시지를 제시했는데, 이 역시 타당성 있는 의견이다.

여기까지 왔다면, 〈A2〉의 또 하나의 결론으로서,

PC가 없어도 녹음이나 편곡을 할 수 있게 해주는 보조장치를 개발하여 MP3플레이어와 세트로 판매한다.

라는 옵션도 있을 수 있겠다. 물론 이러한 결론은 실제로 그와 같은 보조장치를 만들 수 있는가 하는 검토가 전제되었을 때 비로소 의미를 갖는다.

2 연습 6 초등학생의 바깥놀이

과 제

① 도시의 초등학생은 밖에서 별로 놀지 않는다.

② 저학년 초등학생도 1주일에 3일 이상 보습학원이나 예능교실에 다니는 일이 많다.

③ 도시에서는 어린이가 안전하고 즐겁게 놀 수 있는 장소가 많지 않다.

Q1 이 3가지 정보에서, 메인 이슈 '도시 어린이의 바깥놀이를 늘리는 것은 가능한가?'에 대한 'So What?'은 무엇인가?

Q2 위의 정보 ①, ②, ③에 아래의 ④가 더해졌다고 하면, 같은 메인 이슈에 대한 'So What?'은 어떻게 되나?

④ 밖에서 놀지 않는 것은 농촌 초등학생도 도시 초등학생과 마찬가지이다.

정보가 더해져도 이슈는 바뀌지 않아야 한다

이 연습의 Q1은 3가지 사실 정보(개별 메시지)를 놓고 하는 So What?이며, Q2는 그것에 하나 더한 4가지 정보를 놓고 하는 So What?이다. 하나의 정보가 더해지면 결론이 어떻게 변화하는지를 생각해 보는 것이 목적이다.

[테라지마 슌이치 씨의 답안과 강평]

〈A1〉 도시 어린이의 바깥놀이를 늘리는 것은 어렵다.

〈A2〉 도시 농촌 모두 어린이의 바깥놀이를 늘리는 것은 어렵다.

테라지마 씨의 답안을 보면 4번째 정보가 추가되자, 바깥놀이의 주체가 '도시의 어린이'에서 '도시의 어린이와 농촌의 어린이'로 확장되었음을 보여준다.

4번째 정보는 농촌 어린이에 대한 것이었는데 그것에 맞춰서 So What?의 결과가 바뀐 것이다.

그러나 원래 메인 이슈는 '도시 어린이의 바깥놀이를 늘리는 것은 가능한가?'였다는 점을 기억하라. 지금 So What?을 생각하고 있는 것은 어디까지나 도시 어린이의 바깥놀이를 늘리는 문제를 고민하기 위해서였다. 따라서 농촌 어린이의 바깥놀이에 대해서까지 결론을 낼 필요는 없다. 테라지마 씨는 추가된 정보에 의해 휘둘리다가 결국 이슈에서 벗어난 것이다.

정보가 추가되어 새로운 해석을 해야 할 때도 그 해석은 어디까지나 메인 이슈에 대한 해석이라는 점을 잊어서는 안 된다.

메인 이슈를 중심에 놓고 정보를 So What?한다

[후지모토 테츠 씨의 답안과 강평]

〈A1〉 도시의 어린이들이 밖에서 놀지 않는 것은 시간이나 장소의 제약이 크기 때문이다.

〈A2〉 도시의 어린이들이 밖에서 놀지 않는 것은 시간이나 장소의 제약 이외에도 중요한 원인이 있다.

후지모토 씨는 이슈에 맞게 사고하고 있다. 3가지 정보만을 가지고 생각했을 때는 보습학원이나 예능교실을 다니다 보니 놀 시간이 줄어든다든가, 놀만한 공간이 적다는 점 등이 바깥놀이를 하지 않게 되는 이유라고 판단하였다. 그러나 4번째 농촌 초등학생에 대한 정보를 보면, 농촌에서는 도시와 비교하여 놀 시간이나 놀 장소의 여유가 있을 터임에도 불구하고 역시 바깥놀이가 적다면, 결국 도시 초등학생들의 바깥놀이가 사라진 것이 단순히 시간과 장소만의 문제가 아니라는 생각을 하게 된 것이다. 그러나 후지모토 씨가 발견한 '시간이나 장소의 제약 이외의 다른 요인'이라는 것만으로는 설득력이 너무 떨어지지 않는가. 이것을 더 깊이 고찰한 것은 후쿠다 씨의 답안이다.

[후쿠다 타이조 씨의 답안과 강평]

〈A1〉 어린이의 바깥놀이를 늘리기 위해서는 아이들이 과외공부에서 해방되는 주말이나 야간에도 안전하게 놀 수 있는 장소를 만들면 된다.

〈A2〉 어린이의 바깥놀이를 늘리기 위해서는 밖에서 하는 놀이의 즐거움을 가르쳐야 한다.

당초의 3가지 정보에서는 도시로서의 제약조건인 시간과 장소를 해소할 방법으로서, '주말이나 야간'(시간)과 '안전한 장소'라는 2가지 구체적인 해소방법을 생각했다. 그러다가 농촌 아이들도 바깥놀이를 하지 않는다는 4번째 정보가 추가되자, 농촌에는 시간과 장소에 여유가 있다고 생각한 후쿠다 씨는 '도시 아이들이 바깥놀이를 하지 않는 것이 단지 시간과 장소의 문제만은 아니지 않겠나' 라는 생각을 하게 되었다.

	시간의 여유	장소의 여유
도시	X	X
농촌	O	O

즉, 농촌에는 시간과 장소 모두 여유가 있는데도 아이들의 바깥

놀이가 적다는 점을 고려해 볼 때, 도시 아이들이 바깥놀이를 하지 않는 것은 단지 시간과 장소가 없기 때문이라기보다는 다른 제3의 요인이 있을 것이라고 생각한 것이다. 후쿠다 씨는 고민한 결과 그것이 '바깥놀이의 즐거움'을 모르기 때문이라는 결론을 내렸다. 주어진 이슈에 대한 사고를 계속 유지하면서도 새로 주어진 정보를 이용하여 더 깊은 분석으로 들어간 점이 평가된다.

한편, 나카니시 씨는 생각이 조금 다르다.

[나카니시 코지 씨의 답안과 강평]

〈A1〉 어린이가 밖에서 놀 수 있도록 주변 환경을 정비하면 도시 어린이의 바깥놀이를 늘리는 것은 가능하다.

〈A2〉 어린이에게 바깥놀이를 할 수 있는 시간을 충분히 부여하면 어린이의 바깥놀이를 늘리는 일이 가능하다.

나카니시 씨는 새로이 주어진 4번째 정보를 보고 '농촌 아이들은 장소의 여유는 분명 있겠는데, 하지만 시간의 여유가 없다는 면에서는 도시와 다름이 없을 것이다'고 생각했다. 농촌 아이들 역시 예능교실이나 보습학원을 다니기는 도시 아이들과 마찬가지일 것이므로 시간의 여유는 없을 것이라고 생각한 것이다.

	시간의 여유	장소의 여유
도시	X	X
농촌	X	O

그렇다면 어린이의 바깥놀이에 대해 장소는 별 영향을 미치지 않는다고 볼 수 있으며, 문제는 바깥놀이를 할 시간이 있어야 한다는 결론에 도달한 것이다.

나아가 누마다씨의 답안을 보도록 하자.

[누마다 요이치 씨의 답안과 강평]

〈A1〉 학교의 교정 등을 이용하면 바깥놀이를 늘리는 것은 가능하다.

〈A2〉 학교의 교정 등을 이용하면 바깥놀이를 늘리는 것은 가능하다.

누마다 씨는 4번째 정보가 추가되긴 했지만, 그것만 가지고는 도시와 농촌 아이들의 바깥놀이를 둘러싼 조건의 차이를 단정할 수 없다고 판단했다. 농촌은 분명히 토지의 여유는 있지만, 그것이 곧 도시보다 '어린이의 놀이터'가 많은 것으로 판단할 수는 없다고 생각한 것이다.

실제로 농촌에서는 비어있는 것처럼 보이는 토지도 농지의 일부인 경우가 많은데다가, 인구 밀도가 낮아 어른의 눈이 미치지 못하는 곳이 많아서 아이들을 밖에서 놀게 하기 어려운 점도 있다. 그러다 보니 의외로 어린이가 안전하게 맘껏 놀 수 있는 장소가 적다.

	시간의 여유	장소의 여유
도시	X	X
농촌	X (불명)	X (불명)

누마다 씨의 판단은 후지모토 씨, 후쿠다 씨, 나카니시 씨와 비교할 때 지나치게 신중한 면이 있다는 생각이 들 수도 있겠지만, 그렇다고 전적으로 그의 생각을 부정할 수만은 없다. 결국 누마다 씨는 새로운 정보를 추가했음에도 처음의 메시지를 바꿀 필요를 느끼지 못했다.

무엇에 의해 결론이 움직이는지를 파악하라

지금까지 살펴 본 바에 의하면 후쿠다 씨, 나카지마 씨, 누마다 씨는 시간과 장소라는 제약 조건을 보는 견해가 모두 다르다. 세 사람의 답안에 의하면 모두 그 나름의 이유가 있고, 따라서 과제문에 주어진 정보만으로는 어느 것이 절대적으로 올바른가는 단언할 수 없다.

So What?에서 중요한 것은 결론 그 자체가 아니라, 그러한 결론을 내리게 된 근거를 짚어가는 것이다. 이 일은 다시 말해서 타당성의 검증이다.

So What?에서는 한 조의 사실 정보(개별 메시지) 그룹에서 몇 개나 되는 결론을 끌어낼 수 있다. 그런 만큼 자신이 고른 하나의 결론이 왜 그렇게 도출되었는지 적어도 자기 자신에게만은 상세하게 설명할 수 있어야 한다.

3 'So What?'은 가장 중요한 지식 생산의 방법

'So What' 은 설득력을 형성하는 툴

So What?을 적절하게 실행하는 것은 꽤 어렵다. 그것을 통하여 그 어떤 가설을 발견하는 것 자체가 어려운데다가, 여러 가지의 가능한 가설들을 정리하여 하나로 좁혀가는 것, 그리고 그렇게 좁힌 이유를 명확하게 하는 것은 더욱 어려운 일이다.

그러나 여러 개의 사실 정보(개별 메시지)로부터 하나의 So What?(결론, 혹은 해석이라고도 함)을 적절하게 도출할 수 있다면 그 가치는 무척 크다.

첫째는, 추출된 하나의 메시지를 보면 그 배후에 있는 복수의 사실 정보(개별 메시지)를 단숨에 이해할 수 있기 때문에 읽는 이의 이해의 속도가 매우 빨라진다. 이 때 추출된 메시지(결론)의 타당성이 높으면 단시간에 읽는 이를 설득해버릴 수 있다.

두 번째로, 추출된 메시지(결론)가 부적절한 경우라고 해도, 그 메시지를 추출한 이유가 명확할 때에는 왜 그 결론에 합의할 수 없는지 읽는 이와 검토할 수 있다.

'연습6'의 후쿠다 씨, 나카니시 씨, 누마다 씨의 해석은 각각 다르지만, 차이가 발생한 이유(정보를 포착하는 방식의 차이)를 알 수 있으면 어느 것이 타당한가는 추가 조사를 해보면 쉽게 알 수 있다.

세 번째로, 새로운 정보가 추가되어 새로운 가설을 설정하게 되었을 때도 그에 따라 So What?을 정확하게 변경할 수가 있기 때문에 상황에 대응하기 쉽다. 즉, So What?은 유연성이 높고, 설득력을 형성하기 쉬운 툴인 것이다.

지적 가치가 생겨나는 순간

한편, 일단 So What?에 대한 답변이 만들어진 순간은 주어진 사실 정보(개별 메시지)로부터 다양한 메시지가 새롭게 생겨났다고 하는 의미에서 지적 가치가 생산된 순간이라고 할 수 있다.

오늘날 비즈니스 종사자들은 지적 생산활동에 주력하지 않으면 안 된다. So What?은 비즈니스를 추진하는 간단하면서도 강력한 정보를 만들어내는 방법이다. So What?을 통해 사고의 다이너미즘을 느낄 수 있게 되면 생각하는 것이 즐거워진다.

STEP 4 피라미드 구조 완성하기

1 연습 7 유니크로의 채소사업

과 제 아래와 같은 피라미드 구조를 만들었다. 메인 메시지와 사실 정보(개별 메시지 : 최하층 메시지) 사이를 연결하는 키 라인 메시지를 적절하게 추출하라.

유니크로는 채소사업에 진출해야 한다

제1 키 라인 ?

- 저가격 · 고품질로 평가되던 양모의류의 매출이 떨어지고 있다.
- 대형 슈퍼마켓도 동급의 제품을 내놓을 수 있게 됐다.
- 젊은 구매자가 기본 품목보다는 패션성이 강한 옷을 선호하게 됐다.

제2 키 라인 ?

- 중국 공장으로 대량 발주하여 혁명적인 가격 인하를 실현했다.
- 유니크로는 국제 수준보다 가격이 비싼 일본의 의류업계에 도전함으로써 성공했다.
- 의류 분야에서는 최근 몇 년간 새로운 사업 기회가 나타나지 않았다.

제3 키 라인	?

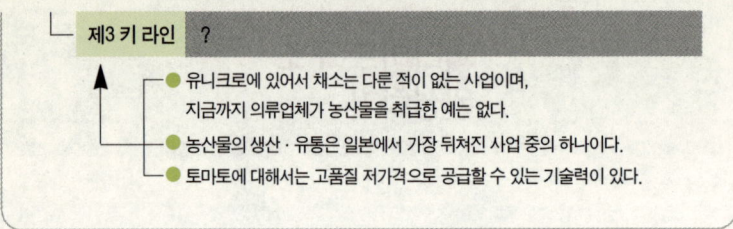

- 유니크로에 있어서 채소는 다룬 적이 없는 사업이며, 지금까지 의류업체가 농산물을 취급한 예는 없다.
- 농산물의 생산 · 유통은 일본에서 가장 뒤쳐진 사업 중의 하나이다.
- 토마토에 대해서는 고품질 저가격으로 공급할 수 있는 기술력이 있다.

제1 키 라인의 검토

이 연습은 Step3에서 연습한 So What? 사고를 실제 피라미드 구조 속에서 연습해 보는 것을 목표로 한다. 기본적으로는 Step3에서 한 것과 같지만, 피라미드 형태가 되면 전체에 정신을 빼겨서 개개의 키 라인을 제대로 해석하는 데 소홀해지기 쉽다.

[오카다 타다시 씨의 답안과 강평]

〈KL1〉 의류사업 분야에서는 지금까지와 같은 성장을 바랄 수 없다.

KL = Key Line

오카다 씨의 So What?은 아래와 같은 구조로 되어 있다.

메인 메시지

유니크로는 채소사업에 진출해야만 한다.

↑

제1 키 라인

의류사업 분야에서는 지금까지와 같은 성장을 바랄 수 없다.

↑

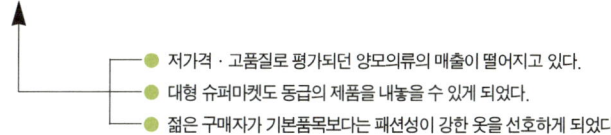

- 저가격 · 고품질로 평가되던 양모의류의 매출이 떨어지고 있다.
- 대형 슈퍼마켓도 동급의 제품을 내놓을 수 있게 되었다.
- 젊은 구매자가 기본품목보다는 패션성이 강한 옷을 선호하게 되었다.

Step3에서 배운 것을 다시 정리해 보자. So What?에서 중요한 것은 도출한 결론이 메인 이슈(≒메인 메시지)에서 벗어나지 않는 의미있는 So What?으로 되어 있는가, 그리고 그 So What?으로 도출한 결론 자체가 주어진 사실 정보에 비추어 충분히 타당성이 있는가에 대해 검토하는 일이다.

오카다 씨의 제1 키 라인 '의류사업 분야에서는 지금까지와 같은 성장을 바랄 수 없다'는, 그 하단의 3가지 사실 정보(개별 메시지)로부터 So What?을 통해 확보한 메시지로서 3가지 정보의 내용을 모두 망라하고 있으며 타당성도 있다.

그렇다면 메인 메시지를 중심으로 놓고 볼 때는 어떤가.

메인 메시지 유니크로는 채소사업에 진출해야 한다.

↑

키 라인 의류사업 분야에서는 지금까지와 같은 성장을 바랄 수 없다.

여기서는 키 라인 메시지가 메인 메시지의 근거로서 충분한 타당성이 있는지 검토해야 한다.

위의 키 라인에서 이야기하고 있는 것은 '의류사업의 성장' 문제인데 메인 메시지는 '채소사업'에 대한 것이다. 이렇게 메인 메시지와 키 라인(서브 이슈)의 관계에서 검토하는 대상이 어긋나면 설득력이 떨어진다.

이 과제의 경우 메인 메시지는 이미 결정되어 있으므로, 키 라인이 메인 메시지의 타당성 있는 근거가 될 수 있도록 So What?을 더 깊이 있게 진행해야 한다. 즉, 키 라인은 '의류사업'이 아니라 어디까지나 '유니크로의 채소사업' 혹은 '유니크로의 신규 사업'에 관한 것이어야 한다.

[시라키 류스케 씨의 답안과 강평]

〈KL1〉 기존 의류사업 분야만으로는 성장을 유지하기 어려워졌다.

시라키 씨의 답안은 오카다 씨보다 한 발 나아가 기업으로서의 '성장을 유지할 수 없다'고 하였다.

메인 메시지 채소사업으로 진출해야 한다.

↑

키 라인 현재 상태로는 성장을 계속할 수 없다.

이것은 오카다 씨의 답안보다 메인 메시지에 대한 근거로서의 특성이 분명하여 더 큰 설득력이 있다. '현재 상태로는 성장하지 못한다'이므로 '새로운 사업으로 진출한다'고 하는 인과관계가 분명하다. 역으로 메인 메시지에서부터 생각하면, '채소사업으로 진출하는' 이유는 '기존의 사업에서는 성장할 수 없기 때문에'라는 관계로 되어 있다.

메인 메시지 채소사업으로 진출해야 한다.

So What? ↑ ↓ Why?

키 라인 현재 상태로는 성장을 계속할 수 없다.

주어진 정보들을 놓고 So What? 으로 키 라인을 도출할 때는 메인 메시지에서 볼 때, 그 키 라인이 메인 메시지의 이유가 될 때까지 So What?을 심화할 필요가 있다. 메인 메시지와 키 라인이 주장-근거의 관계로 명확히 정리될 때 메인 메시지에 설득력이 생긴다.

제2 키 라인의 검토

테라지마 슌이치 씨의 답안과 강평

〈KL2〉 유니크로는 의류사업의 신규 진출에 성공했다.

제2 키라인도 같은 시각에서 검토하겠다. 테라지마 씨의 키 라인은 아래와 같은 관계로 되어 있다. 최하위의 사실 정보(개별 메시지)로부터의 So What?을 통한 키 라인 도출까지는 문제가 없는 것 같다. 그러나 그 키 라인이 메인 메시지에 적합하게 만들어진 것이라고 할 수 있는가?

유니크로는 채소사업에 진출해야 한다.

↑

유니크로는 의류사업의 신규 진출에 성공했다.

↑

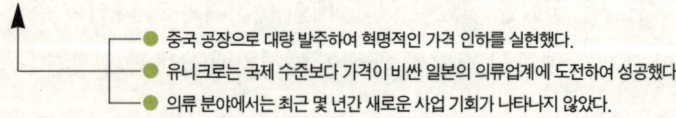

- 중국 공장으로 대량 발주하여 혁명적인 가격 인하를 실현했다.
- 유니크로는 국제 수준보다 가격이 비싼 일본의 의류업계에 도전하여 성공했다.
- 의류 분야에서는 최근 몇 년간 새로운 사업 기회가 나타나지 않았다.

'유니크로가 의류사업의 신규 진출에 성공했다'는 이유로 '채소사업에도 진출해야' 한다는 결론을 끌어내는 것은 설득력이 있는가?

어느 한 사업 분야에서 성공했다고 해서 다른 사업, 특히 '업종이 다른' 농업 분야로 진출해야 한다고 이야기하는 것은 무리가 있다. 그렇다면 So What?의 사고가 아직 메인 이슈에까지 이르지 못한 것이 된다.

후지모토 테츠 씨의 답안과 강평

〈KL2〉 유니크로는 새로운 경영 기법을 도입함으로써 신규 진출이 어려운 분야에서도 성공할 수 있는 기업이다.

후지모토 씨의 키 라인과 메인 메시지의 관계는, '신규 진출이 어려운 분야에도 새로운 경영 기법을 도입하여 진출에 성공할 수 있는 기업'인 유니크로인 만큼, '채소사업에 진출해야 한다'는 연결로 되어 있다. 어려운 사업 분야의 신규 진출에 성공한 실적이 있다면, 전혀 다른 분야인 채소사업에서도 성공할 수 있는 가능성이 있다고 하는 근거 제시는 설득력이 있다고 할 수 있다.

메인 메시지 채소사업으로 진출해야 한다

So What? ↑　　↓ Why?

키 라인 유니크로는 새로운 경영 기법을 도입함으로써 신규 진출이 어려운 분야에서도 성공할 수 있는 기업이다.

같은 So What?의 사고를 해도 메인 메시지에 대해 타당성이 있는 결과를 만들어내는 경우와 그렇지 않은 경우가 있을 수 있다는 것을 알 수 있겠는가.

제3 키 라인의 검토

[니시카와 이치에이 씨의 답안과 강평]

〈KL3〉 농산물사업에는 새로운 발상의 도입이 필요하다.

니시카와 씨의 키 라인을 보도록 하자.

메인 메시지 채소사업으로 진출해야 한다.

So What? ↑ ↓ Why?

키 라인 농산물사업에는 새로운 발상의 도입이 필요하다.

어떤가? So What?과 Why? 양쪽이 성립하고 있는가? '농업이 새로운 발상을 필요로 하고 있다'는 것이 '유니크로가 채소사업으로 진출'하는 이유가 될 수 있는가?

분명히 농업 분야의 사업에 새로운 발상의 '필요성(니즈)'이 있기 때문에 신규 진출에 특기가 있는(성공한) 유니크로가 진출해도 좋을 법하다. 그러나 새로운 발상을 필요로 하는 사업 분야는 농업 말고도 얼마든지 있다. 따라서 왜 하필이면 엉뚱하게도 채소사업이냐는 반론이 제기되었을 때는 답하기가 궁색하다.

[후카미즈 토모오 씨의 답안과 강평]

〈KL3〉 채소사업은 유니크로의 특기인 혁명적인 사업 전략이 먹힐 분야다.

후카미즈 씨의 키 라인은 어떨까?

메인 메시지 채소사업에 진출해야 한다.

So What? ↑ ↓ Why?

키 라인 채소사업은 유니크로의 특기인 혁명적인 사업 전략이 먹힐 분야다.

이런 관계라면 설득력은 확실히 높아진다. 단지 농업 분야에 혁신의 필요가 있기 때문이 아니라, 유니크로의 성공 패턴이 먹힐 가능성이 높기 때문에 유니크로가 진출할 필요가 있다고 하는 이야기다.

결국 완성된 피라미드 구조는 다음과 같이 될 수 있을 것이다.

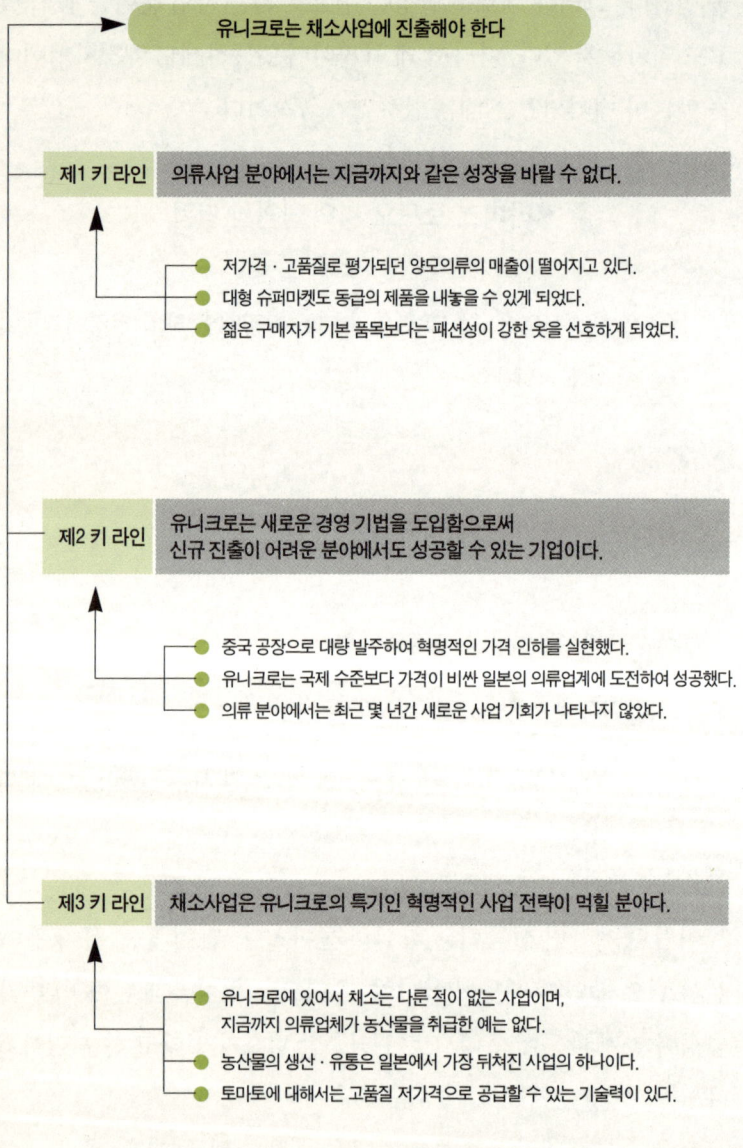

유니크로는 채소사업에 진출해야 한다

제1 키 라인 의류사업 분야에서는 지금까지와 같은 성장을 바랄 수 없다.

- 저가격 · 고품질로 평가되던 양모의류의 매출이 떨어지고 있다.
- 대형 슈퍼마켓도 동급의 제품을 내놓을 수 있게 되었다.
- 젊은 구매자가 기본 품목보다는 패션성이 강한 옷을 선호하게 되었다.

제2 키 라인 유니크로는 새로운 경영 기법을 도입함으로써 신규 진출이 어려운 분야에서도 성공할 수 있는 기업이다.

- 중국 공장으로 대량 발주하여 혁명적인 가격 인하를 실현했다.
- 유니크로는 국제 수준보다 가격이 비싼 일본의 의류업계에 도전하여 성공했다.
- 의류 분야에서는 최근 몇 년간 새로운 사업 기회가 나타나지 않았다.

제3 키 라인 채소사업은 유니크로의 특기인 혁명적인 사업 전략이 먹힐 분야다.

- 유니크로에 있어서 채소는 다룬 적이 없는 사업이며, 지금까지 의류업체가 농산물을 취급한 예는 없다.
- 농산물의 생산 · 유통은 일본에서 가장 뒤쳐진 사업의 하나이다.
- 토마토에 대해서는 고품질 저가격으로 공급할 수 있는 기술력이 있다.

2 연습 8 e러닝사업

과 제 아래와 같은 피라미드 구조를 만들었다. 메인 메시지와 사실 정보(개별 메시지) 사이를 연결하는 키 라인 메시지를 적절하게 추출하라.

초등학생과 중학생 대상의 e러닝사업에 진출해야 한다
(※e러닝사업 = 웹상에서 실행하는 통신교육)

제1 키 라인 ?

- 지금까지 우리회사는 참고서나 문제집으로 명성을 얻었다.
- 참고서나 문제집을 만들 수 있는 집필진을 많이 확보하고 있다.
- 우리회사의 편집자나 집필진은 경험은 많지만, 새로운 것에 대한 의욕은 약하다.

제2 키 라인 ?

- 작년부터 우리회사 홈페이지의 온라인 판매 시스템이 가동된 이후 예상외의 실적을 올리고 있다.
- 홈페이지를 개발한 스태프는 우리회사와 밀접한 협력관계를 유지하고 있다.
- 인터넷 등의 기술을 잘 아는 인력은 아직 매우 부족한 상태이다.

제3 키 라인 ?

- 최근 조사를 보면 초등학교 3학년 이상의 어린이가 있는 가정의 PC 보유율은 60%이다.
- 학교에 통합과목이 신설되면서 교실에서 인터넷을 사용하는 것은 당연한 일로 여겨지고 있다.
- ADSL, CATV 등 고속통신망 가입자가 급증하고 있다.

제1 키 라인의 검토

'연습7' 에 이어서 피라미드 구조의 완성 방법에 대한 연습을 계속해 보자.

| 오카다 타다시 씨의 답안 | 〈KL1〉우리회사는 전통적인 방식의 학습참고서나 문제집 분야에서 노하우가 풍부하다.

| 나카지마 노부히로 씨의 답안 | 〈KL1〉우리회사는 참고서 등 교재를 개발하는 데는 수준 높은 능력을 갖고 있지만 새로운 도전을 하지 않는다.

| 무라이 타케시 씨의 답안 | 〈KL1〉콘텐츠 형성의 노하우를 새로운 정보통신기술로 살려내지 못하고 있다.

| 세키 아키라 씨의 답안 | 〈KL1〉교육 분야에서의 강점을 살려서 새로운 사업에 도전할 필요가 있다.

| 후쿠다 타이조 씨의 답안 | 〈KL1〉우리회사의 편집 · 집필진은 능력이 있고, 경험이 풍부하며 책에 대한 평가가 높은 만큼 신규 사업에 대한 의욕만 높이면 된다.

한꺼번에 5명의 제1 키 라인을 예로 들어보았다.

만약에 당신이 이 교재회사의 신규사업팀 리더인데, 팀의 팀원으로부터 자사에 대하여 위와 같은 5가지 의견(So What?에 의한 해석)이 나왔다고 한다면, 각각의 의견을 어떻게 판단하고 코멘트를 할 것인가?

논리적 사고력이라고 할 때는 자기 자신이 논리적으로 타당성이 있는 사고를 할 수 있느냐 여부가 중요함은 말할 것도 없지만, 또한 타인의 의견을 논리적으로 검토하여 타당성이 없는 부분은 버리고 좋은 부분을 취함으로써 팀 전체의 공통의 인식이나 목표를 설정할 수 있는가 여부도 중요하다.

위와 같은 5가지 의견의 차이를 지적하고 그 중 어느 의견을 팀의 의견으로 수용하는 것이 좋을까? 이것이 지금 당신에게 필요한 리더십이다.

그러면 리더가 되었다는 가정하에 하나하나 의견을 검토해 보자. 가장 먼저 오카다 씨의 메시지는 사실 정보(개별 메시지)의 '좋은 부분'을 추출하여 제시한 것은 분명하다. 메인 메시지와 관련해서도 '노하우가 풍부'하니까 'e러닝사업에 참가한다'고 하는 논리도 일단은 통하는 느낌이다.

그러나 사실 정보(개별 메시지) 가운데 '우리회사의 편집자나 집필진은 경험은 많지만 새로운 것에 대한 의욕은 약하다'고 한 부분이 있는데, 이것은 신규 사업에는 부정적인 메시지다. 그런데도 So What?에서는 이 점이 빠져버렸다. 만약, 누군가가 이 메시지를 읽고 "우리 스태프는 신규 사업에는 협력적이지 않으니까 무리라고 생각한다"고 말을 꺼내면, "아니 실력이 있으니까 괜찮아"라고 아전인수 식으로 방어해야 할 수도 있다. 오카다 씨의 키 라인으로는 메인 메시지를 제대로 밑받침할 수 없다. '신규 사업에 대한 의욕이 약하다'는 것은 결코 무시할 수 없는 중요한 정보임에도, 좋은 면만 부각시키려고 한 나머지 그것을 무시했다는 점에서 문제가 있다.

나카지마 씨의 제1 키 라인은 오카다 씨가 버린 것을 다시 주워 놓았다는 점은 인정되지만, '새로운 도전을 하지 않으니까 'e러닝 사업에 도전해야 한다'고 말할 수는 없다. 여기서 키 라인 메시지는 메인 메시지를 밑받침하기는커녕 오히려 부정하는 결과를 가져오고 있다. 나카지마 씨는 주어진 사실 정보에 대해서만 So What?을 했지 메인 이슈와의 관계를 보아야 한다는 기본을 잊었다.

무라이 씨의 제1 키 라인은 한 발 더 깊이 들어가 '기존의 능력을 새로운 기술에 맞추어 살려내지 못하고 있다'고 했다. 그러나 이것 역시 아직 메인 메시지의 근거로서 충분히 숙성했다고 할 수 없다. '기존의 능력을 새로운 기술에 맞추어 살려내지 못하고 있다'는 이유로 '초등학생과 중학생 대상의 e러닝사업에 진출해야 한다'고 해서는 아무도 납득할 수 없을 것이다.

세키 씨는 한 발 더 나아가 '도전할 필요가 있다'고까지 말했지만 이것은 지나치다. 사실 정보(개별 메시지)로부터는 '새로운 도전을 해야 한다'고까지 말할 수는 없을 것이다.

후쿠다 씨의 답안은 e러닝으로 진출할 수 있는 잠재력이 있으므로 의욕을 잘 이끌어내서 진출해야 한다는 취지다. 그러나 후쿠다 씨의 키 라인 그 자체는 반드시 그와 같이 읽을 수 있다고 말하기는 어렵다. 취지를 살려서 아래와 같이 수정하였다.

연습8의 제1 키 라인

스태프는 교육 분야에서의 능력 · 경험 모두 충분히 있으며, 신규 사업에 대한 의욕만 이끌어낸다면 e러닝 분야에서도 힘을 발휘할 수 있을 것이다.

제2 키 라인의 검토

우선 So What?이 불충분한 답안부터 검토한다.

| 니시카와 이치에이 씨의 답안 | 〈KL2〉우리회사는 홈페이지를 강화할 필요가 있다.

| 나카지마 노부히로 씨의 답안 | 〈KL2〉인터넷사업은 기술인력 부족으로 경쟁회사는 적은 반면 수요는 많아 보인다.

니시카와 씨의 제2 키라인은 3개의 주어진 사실 정보(개별 메시지)로부터 우리회사가 실적도 있고, 외부 기술 협력 스태프와의 관계도 양호한 만큼 '웹 비즈니스를 추진하기 위한 힘이 있다고 할 수 있으므로 웹 비즈니스를 더 확대하자'는 메시지다. 그러나 니시카와 씨의 메시지를 단독으로 읽으면 '현재 상태로는 불충분하므로 더 제대로 해야지'라고 말하는 것으로 읽을 수도 있다. '더 할 수 있다!'는 발전적인 메시지인지, '부족하니까 제대로 하라!'는 메시지인지가 불분명하여 읽는 이가 혼란스럽다. So What?은 뜻을 명확하게 표현하지 않으면 역효과를 낸다.

나카지마 씨의 제2 키 라인 '수요가 많아 보인다'고 하는 결론 역시 무리가 있어 보인다. 실제로 출판업계만이 아니라 거의 모든 분야의 비즈니스가 인터넷으로 진출하는 것은 하나의 추세가 되어 있느니 만큼, '경쟁이 적다'고까지 말하면 설득력이 떨어진다. 또, '경쟁 회사가 적기 때문에 우리회사의 홈페이지에 수요가 있다'고까지 생각하는 것은 주어진 정보만으로 볼 때는 비약이다. So What?을 잘 생각하고 있으나 잘못된 방향으로 사고한 것 같다.

| 시라키 류스케 씨의 답안 | 〈KL2〉우리회사는 홈페이지 운용 면에서 타사에 비해 경쟁 우위성이 있다.

| 테라지마 슌이치 씨의 답변 | 〈KL2〉교재의 온라인 판매 시스템은 잘 돼가고 있으며, 또한 개발 스태프와의 협력관계도 좋다.

시라키 씨와 테라지마 씨의 답안은 So What?으로서 하위 정보와의 관계가 타당하며, 상위의 메인 메시지에 대한 밑받침으로서의 역할도 하고 있다. 그러나 이러한 제2 키 라인에서는 더 깊은 메시지를 추출할 수 있다.

| 후카미즈 토모오 씨의 답안 | 〈KL2〉온라인 판매로 실적을 올린 웹 스타일의 사업을 계속해야 한다.

후카미즈 씨는 '교재의 온라인 판매에서 예상외의 성과'라는 정보를 중시하여 So What?을 생각했다. 이러한 제2 키 라인에서 '예

상 이상의 성과'라는 정보는 무척 중요하다. 단지 잘 만들 수 있다가 아니라, 실제로 성과가 올라가는 사이트를 만들 수 있었다고 하는 것은 '인터넷에 우리회사의 고객이 있다'는 것을 보여주는 것이다.

비즈니스에서는 단순한 예상이 아니라 실제로 시장이 존재한다는 사실을 알 수 있다는 것은 무척 중요하다. 그것은 연못에 물고기가 있다는 사실을 확인하고 나서 낚싯줄을 늘어뜨리는 격이기 때문이다. 사주는 사람이 있으면 그 사람들에게 더 많은 서비스를 제공하여 그들을 더 만족시킬 수 있다. 이 점이 So What?에 포함되어 있다는 점이 이 키 라인의 중요한 특징이다.

단, 후카미즈 씨의 제2 키 라인에서 아쉬운 점은 '계속해야 한다'고 해버리면 현재 상태의 사이트로도 괜찮다고 하는 뉘앙스를 준다는 점이다. 거기서 더 나아가 '이 성공을 그 다음 단계로 발전시킨다'고 하는 메시지를 끌어낼 수 있으면 더 든든한 메시지가 될 것이다.

연습8의 제2 키 라인

온라인 책 판매를 성공시킨 경험을 살릴 수 있으므로 사내 스태프를 더 보강하면 e러닝사업도 성공 가능성이 충분하다.

제3 키 라인의 검토

| 이시바시 세이지 씨의 답안 | 〈KL3〉고객 측의 이용 환경이 마련되어 있다.

| 나카니시 코지 씨의 답안 | 〈KL3〉초등학생과 중학생에게 e러닝이 확산될 수 있는 환경이 마련되어 왔다.

이시바시 씨, 나카니시 씨 모두 주어진 사실 정보(개별 메시지)로부터의 So What?이란 점에서는 타당성이 있지만, 메인 메시지로부터 보았을 때는 미흡하다. 즉, 메인 메시지의 근거가 되기에는 미약하다는 것이다. 둘 다 사용자의 환경을 말하고 있을 뿐으로, 그것만으로는 e러닝사업에 진출하는 것과의 연결관계가 약하다는 느낌이다. 좀 더 나아갈 수 없을까?

| 후지모토 테츠 씨의 답안 | 〈KL3〉앞으로 어린이들의 학습은 인터넷을 이용한 형태가 주류로 되어갈 가능성이 높다.

후지모토 씨는 So What?을 통하여 직설적으로 'e러닝이 주류로 되어 간다'는 결론을 내렸다. 이렇게까지 말할 수 있으면 좋겠지만, 주어진 3개의 사실 정보(개별 메시지)로부터 이 정도의 결론까지 끌어낸다는 것은 좀 지나치다 할 것이다. '주류'까지 나아가는 '과격성'을 절제하여 수정된 메시지를 만들었다.

연습8의 제3키 라인

앞으로 어린이들의 학습에서 인터넷은 '당연히 사용하는 것' 으로서 자리매김 될 것이다.

이상의 3가지 키 라인에 대한 고찰로부터 완성된 피라미드 구조는 다음과 같이 된다.

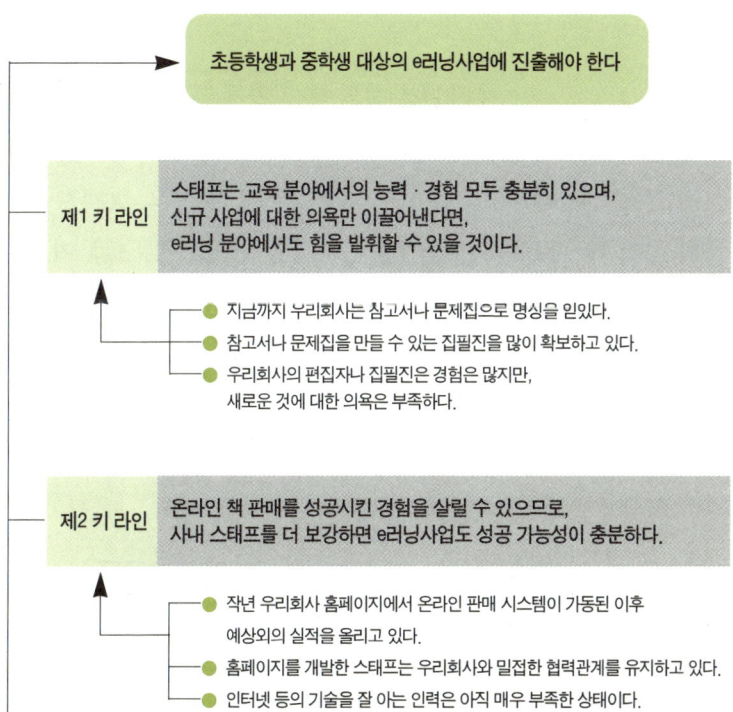

초등학생과 중학생 대상의 e러닝사업에 진출해야 한다

제1 키 라인 스태프는 교육 분야에서의 능력 · 경험 모두 충분히 있으며, 신규 사업에 대한 의욕만 이끌어낸다면, e러닝 분야에서도 힘을 발휘할 수 있을 것이다.

- 지금까지 우리회사는 참고서나 문제집으로 명성을 얻었다.
- 참고서나 문제집을 만들 수 있는 집필진을 많이 확보하고 있다.
- 우리회사의 편집자나 집필진은 경험은 많지만, 새로운 것에 대한 의욕은 부족하다.

제2 키 라인 온라인 책 판매를 성공시킨 경험을 살릴 수 있으므로, 사내 스태프를 더 보강하면 e러닝사업도 성공 가능성이 충분하다.

- 작년 우리회사 홈페이지에서 온라인 판매 시스템이 가동된 이후 예상외의 실적을 올리고 있다.
- 홈페이지를 개발한 스태프는 우리회사와 밀접한 협력관계를 유지하고 있다.
- 인터넷 등의 기술을 잘 아는 인력은 아직 매우 부족한 상태이다.

제3 키 라인

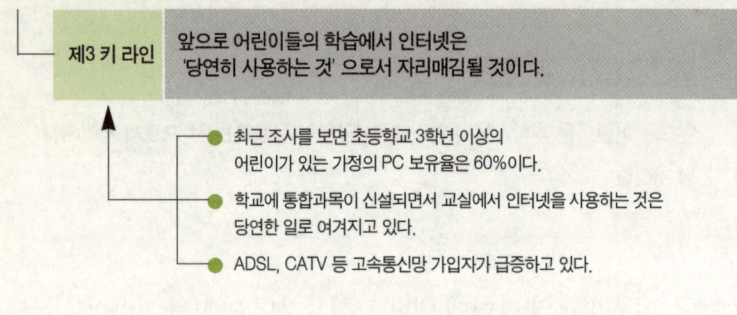

앞으로 어린이들의 학습에서 인터넷은 '당연히 사용하는 것' 으로서 자리매김될 것이다.

- 최근 조사를 보면 초등학교 3학년 이상의 어린이가 있는 가정의 PC 보유율은 60%이다.
- 학교에 통합과목이 신설되면서 교실에서 인터넷을 사용하는 것은 당연한 일로 여겨지고 있다.
- ADSL, CATV 등 고속통신망 가입자가 급증하고 있다.

3 추출한 메시지에는 확실한 이유를 부여하라

키 라인은 설득력 그 자체

지금까지 살펴본 것처럼 So What을 사용한 사고 그 자체는 어려운 것이 아니지만, 적절한 So What?을 만드는 것은 꽤 어렵다. 완성된 키 라인 메시지가 어느 만큼 설득력 있는 매력적인 메시지로 되어 있는지 여부가 메시지 전체의 설득력(=의사 전달력)을 좌우한다.

'So What?' 으로 추출하고 'True?' 로 체크하라

실제로 사고하는 방식을 복습해두면 다음과 같이 된다. 우선, 주어진 사실 정보(개별 메시지)로부터 도출할 수 있는 내용을 주어와 술어를 포함하는 문장의 형식으로 써본다. 몇 개 정도 써보면서 주어진 정보들의 어느 것과도 모순되지 않으면서 주어진 정보 모두를 망라하고 있는지를 체크한다. 이 때 정보들을 그냥 종합하여 요약하는 것이 아니라, 그로부터 뭔가의 의미를 찾아내는 것이 중요하다. 이렇게 키 라인 후보들을 만들고 체크하기를 반복하여 적절하다고 생각되는 것 몇 개 정도를 최종 후보로 남겨둔다(하나로 좁히지 않는다).

So What?을 통해 키 라인 메시지가 추출되었으면 이번에는 그것이 메인 메시지에 대해서 의미 있는 메시지인가를 True?의 기법으로 체크한다. 이 때 키 라인 메시지가 메인 메시지의 주장을 뒷받침하는 설득력 있는 근거로 되어 있는지 어떤지가 중요하다.

이러한 작업은 상당한 시간이 소요되며 인내가 필요한 작업이다. 논리적 사고에 익숙하지 않은 사람은 계속해서 생각하는 자체가 고통이라고 느껴 도중에 사고를 멈추고 그럴 듯한 것을 선택하고는 끝내버리는데, 이것을 '사고의 정지'라고 한다. 완성도 높은 메시지를 만들기 위해서는 멈추고 싶은 유혹을 물리치고 인내심을 가지고 계속하는 것이 필요하다. 어떤 의미에서는 멈추지 않고 계속 생각하는 것이야말로 설득력의 원천 그 자체라고도 말할 수 있다.

사고를 멈추지 않는 방법은?

사고를 멈추지 않는 방법은 여러 가지가 있겠지만, 그 중 가장 필수적이라 할 방법은 종이에 쓰면서(혹은 PC로 메모하면서) 생각하는 것이다.

인간의 뇌는 많은 것을 기억에 남겨둘 수 없다. 문자로 써서 그것을 보면서 다음 사고를 이어갈 때 자신이 어디까지 생각했는지, 지금 무엇을 생각하고 있는지(어느 부분을 체크하고 있는지)를 자각할 수 있다. 그럼에도 많은 초심자는 종이에 쓰지 않고 머리 속에서만 해결하려 한다.

생각하는 것은 곧 쓰는 것이라고도 할 수 있으며, 이것을 일러 독일의 철학자 칸트는 "손은 신체 밖에 나온 뇌"라고 했다.

STEP 5 눈에 보이는 것으로 표현하기

1 연습 9 유니크로의 채소사업

과 제 STEP4의 연습7 '유니크로의 채소사업'의 완성된 피라미드 구조를 기초로 '채소사업으로 진출해야 한다'는 취지로 제안서를 작성하라. 제안서는,

① 일반 문서 형태(워드로 작업)

② A4×1장, 1,000~1,500자 정도로 정리

③ 피라미드 구조에 따라서 구조화하고 표제어를 붙일 것

④ 정보에 부족함이 있으면 각자 조사해도 좋지만 피라미드에 있는 정보를 우선하여 사용할 것(예를 들면, 채소사업의 실패 사례를 사용하여 메인 메시지 그 자체를 부정하는 식으로는 하지 않도록)

완성된 문서를 보고 판단하는 힘을 길러라

Step5에서의 과제는 Step4에서 다룬 2개의 과제 '유니크로의 채소사업'과 'e러닝사업'을 문서로 정리하는 것이다. Step4에서 수강생이 작성한 키 라인에 강평을 했지만, 아쉽게도 19명의 수강생 중 3개의 키 라인 모두에 합격점을 받은 사람은 한 사람도 없었다. 그래서 Step5의 2개의 연습에서도 키 라인을 제시하지 않은 채 문제를 풀도록 하였다.

이 단원에서는 키 라인이 제대로 만들어져 있지 않을 때 제안서로서의 설득력이 어떻게 저하되는지를 주목해서 보기 바란다. 거꾸로 말하면, 최종적으로 작성된 제안서를 놓고 설득력이라는 점에서 그 문서의 어느 부분이 문제가 되는지를 판단해 보자는 것이다. 이러한 검토를 통하여 자신이 제안서를 작성할 때에는 어떻게 해야할지 생각해 보기 바란다. 그것이 이 단원이 추구하는 하나의 목표다.

이 단원에서 추구하는 또 하나의 목표는 문서의 문제점을 파악하는 연습을 통하여 업무 속에서 타인이 작성한 제안서를 정확하게 읽고 해석할 수 있는 힘을 기르자는 것이다.

비즈니스 리더는 자신이 직접 적절한 제안을 할 수 있어야 할 뿐만 아니라, 타인이 만든 제안서, 예를 들자면 다른 기업에서 들어온 제안서의 내용을 음미하고 불분명한 점을 지적하고 좋은 점이 있으면 그것을 적절히 흡수하는 힘이 있어야 한다.

키 라인에 부합하는 설득력 있는 제안서가 만들어졌는가?

가상의 수강생들이 작성한 제안서를 검토하기 전에 먼저 검토 방법을 설명해두겠다. 우선 과제의 내용을 다시금 확인하자. Step4의 '연습7' 에서는 사실 정보(개별 메시지)는 이미 분류되어 있는 상태에서 그로부터 키 라인을 추출하는 것이 과제였다. 135페이지(연습 7 '유니크로의 채소사업')로 돌아가 수강생에게 원래 주어져 있던 정보와 과제를 확인해두자.

이 책을 읽고 있는 당신도 이미 수강생과 같은 과제를 스스로 풀고 있을 터이므로 (과연 하고 있을까?), 자신의 답안과 비교해 보도록 하자.

다음으로 수강생의 답안을 검토하면서 나온 '정답'을 확인해둔다. 이것은 144페이지(완성된 피라미드 구조)에 있다. 이 '정답'의 키 라인에 따라서 제안서를 쓸 수 있으면 이상적인데, 수강생들이 작성한 답안에는 아직 키 라인의 적절치 못한 부분이 그대로 남아 있다. 키 라인이 적절치 못한 경우, 즉 정답과 다른 경우 제안서의 설득력이 어떻게 떨어졌는지, 어디를 납득할 수 없는지를 생각하면서 읽어가도록 하자.

이제 아래 수강생의 제안서를 읽어보자. 체크할 부분은 주로 2가지인데, 수강생 자신이 만든 키 라인(피라미드 구조)에 따라서 글이 작성되어 있는가. 그리고 그 글의 주장이 설득력이 있는가 이다. 보이는 그대로 읽으면, "제법 잘 된 제안서야!" 라고 할지도 모른다. 그러나 설득력이란 점에서 보면 아직 부족하다. 그 부족한 원인이 어디에 있는지를 끝까지 파헤쳐 보겠다는 마음으로 읽어보기 바란다.

[이시바시 세이지 씨의 제안서와 강평]

키 라인 연습7의 이시바시 씨의 답안

〈KL1〉 환경 변화에 의해 기존 의류제품의 경쟁력이 저하하고 있다.

〈KL2〉 정체되어 있는 업계에서 새로운 비즈니스 모델로 성공한 경험이 있다.

〈KL3〉 새로운 비즈니스 기회가 존재한다.

채소사업으로 진출하는데 대하여

우리회사는 채소사업에 진출해야 한다.

왜냐하면, 우리회사의 목표(회사의 성장)에 비추어볼 때 채소사업으로 진출하지 않을 경우 불리한 점(지속적 성장의 어려움)이 있으며, 채소사업으로 진출할 경우 유리한 점(지속적 성장의 가능성)이 있기 때문이다.

1. 우리회사의 목표는 회사의 성장이다

"장래에 희망이 없는데 무엇때문에 사업을 하겠는가. 성장하지 않는 기업은 의미가 없다"고 하는 사장님의 '성장을 향한 집념'에서 볼 수 있는 것처럼 우리회사는 성장을 목표로 하고 있다.

2. 채소사업으로 진출하지 않을 경우 불리한 점이 있다

환경의 변화로 인하여 기존 의류사업의 경쟁력이 저하되고 있으며, 현재 상태로는 지속적 성장의 유지가 어려운 상황이다.

현상의 3C분석

경쟁력 저하는 현상의 3C분석에 나타나 있다.

- 시장과 고객 : 주 고객인 젊은 구매층의 기호가 기본 상품에서 패션성이 강한 상품으로 변화하고 있다.

고객 기호의 변화

- 경쟁사 : 경쟁 상대방인 대형 슈퍼도 동급의 제품을 제공할 수 있게 되었다. (차별화 요인의 상실)
- 우리회사 : 예전에는 저가격 · 고품질로 평가받던 의류상품의 매출이 감소하고 있다. (기존 점포 매출의 하락이 심하여 2002년에는 매출과 이익이 모두 감소할 것으로 예상됨)

3. 채소사업에 진출할 경우 유리한 점이 있다

신규 사업분야로의 진입은 지속적 성장을 위한 유효한 방법이며, 채소사업은 우리회사가 예전에 의류사업에서 거둔 성공 체험을 응용할 수 있는 환경에 있기 때문에 유리하다.

3-1. 의류사업의 성공체험

정체되어 있는 업계에서 새로운 비즈니스 모델로 성공한 경험이 있다.

- 업계의 과거 : 의류업계에서는 수년 동안 새로운 사업 기회가 없었다.
- 과거의 상황 : 일본의 의류상품 가격은 국제수준보다 높았다.
- 변혁 : 중국 공장으로 대량 발주하여 가격혁명을 실현했다.
- 결과 : 새로운 비즈니스 모델로 성공하여 회사가 성장했다.

3-2. 채소사업의 환경

새로운 사업 기회가 존재한다.

- 업계 : 농산물의 생산 · 유통은 가장 뒤쳐진 사업 분야 중의 하나다.

- 상황 : 전례(우리회사가 채소를 취급한 일 · 의류업체가 채소를 취급한 일)가 없다. 식품업계는 수시로 가격이 변동되고 상품도 다양하다.
- 변혁 : 저가격으로 고품질의 토마토를 공급할 수 있는 기술력이 있다. (농산물의 생산연구로 실적이 있는 나가타 농업연구소와 제휴)
  독자적인 기준을 세워서 품질과 가격의 관계를 소비자에게 알기 쉽게 제시할 예정이다.(생산자에게 사들이는 가격에도 적용하여 생산자에게도 시장 메커니즘을 도입)
- 장래 : 식료품 전용 슈퍼마켓을 매수할 계획이 있으며, 이 때 상승효과가 예상된다.

키 라인과 제안서의 구조가 일치하고 있는가?

우선 검토해 보아야 할 것은 이시바시 씨가 만든 피라미드에 있는 키 라인과 본문이 어긋나고 있다는 점이다. 키 라인은,

〈KL1〉 환경의 변화에 의해 기존 의류제품의 경쟁력이 저하되고 있다.

〈KL2〉 정체되어 있는 업계에서 새로운 비즈니스 모델로 성공한 경험이 있다.

〈KL3〉 새로운 사업 기회가 존재한다.

인데 본문의 3개 단락의 표제어는,

1. 우리회사의 목표는 회사의 성장이다.
2. 채소사업으로 진출하지 않을 경우 불리한 점이 있다.
3. 채소사업에 진출할 경우 유리한 점이 있다.

로 되어 있다. 키 라인과 본문의 제안서 구조가 일치하고 있지 않음을 알 수 있다. 160페이지(이시바시 씨의 제안서와 강평)에서 설명한 바와 같이 피라미드의 키 라인은 그대로 문서의 구조가 되도록 해야 한다. 그래야만 제안서가 구조적으로 알기 쉽게 되며, 고생하여 피라미드를 만든 의미가 있다고 하겠다.

그러나 본문의 3개 표제어를 보면 이시바시 씨는 제안서의 구조를 전혀 다른 구조로 바꿔버렸음을 알 수 있다. '성장'이란 목적이 있으며 그 성장에 대한 불리한 점과 유리한 점을 지적하고 있는 것이 제안서의 구조다.

그렇다면 이렇게 변형한 구조의 설득력은 어떤가?

피라미드 구조에서는 키 라인 모두가 각각 메인 메시지의 근거로서 역할해야 한다고 했다.

유니크로는 채소사업에 진출해야 한다.

↑

우리회사의 목표는 회사의 성장이다.

위 구조에서 상하관계를 보자. '회사의 성장을 목표'로 하고 있는 것이 '채소사업에 진출하는' 근거라고 할 수 있는가? 회사의 목표가 성장이라고 해도, 그 방법으로서 채소사업에 진출한다고 하는 것은 논리적 연관관계가 없다. 이시바시 씨의 본문은 피라미드 구조에서는 쓰여져 있지 않던 것이다.

어설픈 구조는 읽는 이에게 짐을 지운다

그럼 이시바시 씨의 제안서의 구조는 어떻게 되어 있는가 보자.

이시바시 씨의 제안서 구조

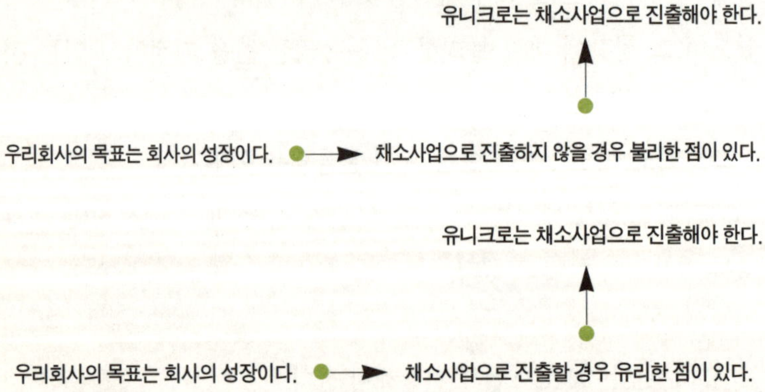
유니크로는 채소사업으로 진출해야 한다.
우리회사의 목표는 회사의 성장이다.
채소사업으로 진출하지 않을 경우 불리한 점이 있다.
유니크로는 채소사업으로 진출해야 한다.
우리회사의 목표는 회사의 성장이다.
채소사업으로 진출할 경우 유리한 점이 있다.

이시바시 씨는 피라미드 구조가 아니라 연역법에 의한 설득법으로 방식을 바꾸고 말았다.

연역법으로 논리를 구성하는 것 자체는 잘못된 것이라고 할 수 없다. 그러나 비즈니스에서는 연역법에 근거한 주장은 설득력이 약한 경우가 많다. 또한 이시바시 씨의 논리 전개 자체에도 구조가 엉성하다는 문제가 있다. '채소사업으로 진출하지 않을 경우 불리한 점이 있다', '채소사업에 진출할 경우 유리한 점이 있다'고 하는 2개의 메시지는 같은 이야기를 말만 바꾸어 하고 있는 듯한 느낌을 주어서 차이를 이해하는데 시간이 걸린다. 논리적으로는 가능한 설득 구조이지만 읽는 이가 이해하기에는 쉽지 않다.

피라미드 구조의 좋은 점은 읽는 이가 빨리 이해할 수 있다는 점인데, 그것은 그만큼 설득력이 있다는 이야기이기도 하다.

[쿠와바라 마사요시 씨의 제안서와 강평]

다음에는 쿠와바라 씨의 제안서를 보도록 하자.

계속 성장하기 위해 채소사업으로 진출할 것을 제안

우리회사는 지금까지 의류사업의 확대에 기반한 성장을 계속해왔습니다만, 향후의 지속적인 성장을 위해서는 새로운 분야로 진출할 필요가 있습니다. 그러한 유망 사업 분야로서 채소사업에 진출할 것을 제안하고자 합니다.

1. 의류제품 사업으로는 더 이상 성장하기 어렵다

우리회사가 성장해올 수 있었던 것은 '고품질이면서도 저가격'이라는 지금까지 없었던 가치를 지닌 양모제품 등이 시장에서 환영을 받아 왔기 때문입니다. 그러나 최근 들어 기존 점포의 매출이 떨어지기 시작하고 있고, 이번 분기에는 상장이래 처음으로 매출과 이익 모두의 감소가 확실시되고 있습니다.

주된 원인은 2가지 면에서 생각할 수 있습니다. 하나는, 대형 슈퍼도 동급의 제품을 공급할 수 있게 되어 고객의 일부가 그쪽으로 흡수되었다는 점입니다. 또 하나는, 주 고객인 젊은 사람들의 니즈가 우리회사와 같은 기본 품목보다는 패션성이 더 높은 의류상품으로 변화해가고 있는 점입니다.

이들 2가지 흐름은 일시적인 것이 아니라 지속적인 것이라고 생각할 수 있습니다. 이로 인하여 우리회사의 타깃 시장이 축소하면서 경쟁이 심해지고 있으며, 앞으로 이 분야에서 성장을 계속하는 것은 대단히 어렵게 되었습니다.

2. 우리회사의 강점을 살릴 수 있는 새로운 분야로 진출할 필요가 있다

기업을 강하게 하고 성장을 지속할 수 있게 하기 위해서는 한정된 자원을 우리의 강점을 살릴 수 있는 분야로 집중시켜서, 타사에는 없는 부가가치를 시장에 계속 제공할 필요가 있습니다. 그럼 우리회사의 강점은 무엇이 될까요?

우리회사는 국제 수준에 비해 비싼 편이었던 의류제품을 중국으로 대량 발주하여 혁명적인 가격 인하를 실현함으로써 성공을 거둘 수 있었습니다. 그러한 성공의 원인은 '생산과 판매를 직결시켜 낭비적인 비용을 줄이고, 고품질과 저가격을 양립시킨 사업모델'을 확립시킨 데에 있습니다. 의류제품이라는 분야 그 자체보다는 혁신적인 사업모델이 바로 우리회사의 강점이라고 하겠습니다. 이 점에서 우리회사는 타사가 따라할 수 없는 노하우를 축적하고 있습니다. 따라서 앞으로의 성장 전략은 이러한 강점을 살려서 사업을 전개해 나가는 것이 최선의 방법입니다.

그러나 기존의 의류제품 사업에서는 '저가격화'나 '품질 향상'의 전략도 이제는 한계에 부딪치고 있으며, 최근 수년 동안은 새로운 사업 기회도 생겨나지 않고 있습니다. 따라서 새로운 수익원을 만들기 위해서는 우리회사의 강점을 살릴 수 있는 새로운 분야를 개척해 나갈 필요가 있다고 봅니다.

3. 채소사업의 성공 요소는 의류사업과 유사하며 성공할 가능성이 높다

국산 채소의 가격은 해외에서 생산된 수입품에 비해서 매우 비싼 편입니다. 그 원인으로 생산비용의 차이를 지적하는 소리가 많습니다만, 실은 국산 채소 가격의 태반은 유통비용 등 생산 이외의 부분이 차지하고 있습니다. 따라서 유통비용을 주일 수 있으면, 높은 품질을 유지하면서도 채소의 가격을 내리는 것이 가능해집니다.
우리회사는 채소를 취급해 본 적이 없지만, 고비용이 주원인인 유통문제는 의류사업에서 축적한 우리회사만의 노하우에 의해 개선하는 것이 가능합니다. 따라서 가능한 생산 수단을 확보할 수만 있으면, 의류사업과 마찬가지로 성공을 거둘 가능성이 높다고 말할 수 있습니다.
가능한 방법으로는 고품질의 야채를 생산하는 노하우를 갖고 있으면서 유통 수단을 갖고 있지 않는 개인 혹은 조직과 제휴하여 사업을 전개하는 것입니다. 이미 토마토에 대해서는 가능한 제휴선을 찾은 상태이며, 다른 채소에 대해서도 같은 모델을 적용하는 것이 충분히 가능하다고 생각됩니다.

키 라인과 단락이 일치해야 한다

쿠와바라 씨가 작성한 제안서에서 3개 단락의 표제어는 다음과 같다.

1. 의류사업에서 더 이상의 성장을 이루는 것은 어렵다.
2. 성장을 위해서는 우리회사의 강점을 살릴 수 있는 새로운 분야로 진출할 필요가 있다.
3. 채소사업의 성공 요소는 의류사업과 유사하며 성공할 가능성이 높다.

이러한 3개의 키 라인은 '연습7'에서 쿠와바라 씨가 답한 것과 완전히 일치하고 있으며, 제안서가 피라미드 구조대로 만들어져 있음을 알 수 있다. 이 점은 매우 좋다.

키 라인 그 자체의 메시지가 적합한지를 본다면, 제2 키 라인에서 다소 성급한 면이 있지만 취지는 거의 답안 예와 일치하고 있다. 키 라인 각각이 '채소사업으로 진출해야 한다'고 하는 메인 메시지를 밑받침하고 있으므로(근거를 제시하고 있다), 구조가 제대로 되어 있는 점도 좋다. 여기까지 완성되어 있는 것으로 볼 때 본문을 읽지 않아도 거의 70% 이상의 완성도에 근접해 있다는 것을 짐작할 수 있다.

피라미드 구조를 이용하는 것의 이점 중 하나는, 제안서를 읽을 때 메인 메시지와 키 라인만 확인하면 말하고자 하는 내용의 대부분을 알 수 있어서 읽는 이의 이해를 빠르게 해 준다는 점이다.

논리적 사고의 훈련이 되어 있는 컨설턴트의 설명이 알기 쉬운 이유는 이와 같은 구조적인 설명에 기초하고 있기 때문이다.

메인 메시지를 중심으로 표현해야 한다

본문의 논리 전개도 제대로 되어 있다. 알기 쉽고 제대로 전달되는 문장이라고 할 수 있다.

설득력을 더 높이려면 각 단계와 메인 메시지의 관계를 더 심화시켜야 한다. 예를 들면, 제1단락의 마지막에 '즉, 우리회사의 타깃 시장이 축소하면서 경쟁이 심해지고 있으며, 앞으로 이 분야에서 성장을 계속하는 것은 대단히 어려운 상황이 되었습니다'라고 되어 있는데, 이것만으로는 '채소사업으로의 진출'이라는 메인 메시지와의 연결이 약하다.

그래서 다음과 같이 다시 작성해 본다. '즉, 우리회사의 타깃시장이 축소하면서 경쟁이 심해지고 있으며, 앞으로 지속적 성장을 위한 여러 가지 대책을 세운다고 해도 지금까지와 같은 성장세를 유지하는 것은 어려울 것으로 생각됩니다. 성장세를 회복하려면 의류제품 이외의 사업 분야로의 진출이 불가피하다고 보아야 합니다'.

단지 '성장이 어렵다'로 끝나지 않고, '따라서 신규 사업 분야로 진출하는 것이 필요'하다고 한 것은 메인 메시지에 대한 근거 제시로서의 성격을 분명히 하여 설득력을 높이기 위해서다. 피라미드를 만들 때와 같이 주장을 펼 때는 항상 메인 메시지를 의식하며 말하는 것을 잊지 않도록 하자.

2 연습 10 e러닝사업

과 제 'e러닝사업'의 완성된 피라미드 구조를 기초로 'e러닝으로 진출해야 한다'는 취지의 제안서를 작성하시오. 제안서는,

① 파워포인트의 슬라이드로 작성할 것

② 총 슬라이드의 수는 10~20장 정도, 원칙적으로 28포인트 크기 이상의 문자를 사용하여 프레젠테이션 때 읽을 수 있도록 할 것

③ 피라미드 구조에 따라서 구조화하고 표제어도 붙일 것

④ 정보에 부족한 점이 있다면 각자 조사해도 좋지만, 피라미드에 있는 정보와 모순되지 않는 정보만을 사용할 것

슬라이드의 특성을 제대로 알아야 한다

파워포인트 등의 프레젠테이션 프로그램은 최근 수년 사이에 비즈니스의 표준적인 툴이 되었다. 필자도 글로비스 매니지먼트 스쿨의 클래스에서는 파워포인트 데이터를 프로젝터로 보여주면서 수업을 진행한다.

그러나 슬라이드를 이용한 표현기법은 아직 새로운 기법이며 사용자들에게는 아직도 노하우가 부족하다.

예를 들면, 문자의 크기를 선택할 때도 그렇다. 프로젝터를 사용할 생각이라면 28포인트 이상의 상당히 큰 글자를 사용하지 않으면 보기가 힘든데, 워드프로세서를 이용한 문서작성에 익숙한 우리에게는 이처럼 큰 문자로 짧은 문장을 쓰는 것에 익숙하지 않다. 이처럼 툴에 익숙하지 않아서 프레젠테이션이 잘 안되는 경우가 많다.

또, 통상은 프로젝터나 모니터 상에서의 설명과 종이에 써서 손으로 건네주는 자료 양쪽을 모두 사용하는 경우가 많은데, 프로젝터를 사용할 때에는 구두로 설명을 잘 하다가도 종이로 된 자료를 놓고는 말문이 막혀서 설명이 잘 안되는 경우가 많다.

나아가 화살표를 이용한 표현이나 도표의 사용에만 치중하다가

모양새는 그럴듯한데 무엇을 말하려는지 알 수 없는 자료를 만들어 버리는 일도 많아졌다.

그러나 메시지를 전한다고 하는 점에서는 공통된 것이므로, 문서든 구두 설명이든 슬라이드든 메인 메시지와 키 라인 메시지, 사실 정보가 분명하게 정리되어 일목요연하게 제시되어야 한다는 점에는 변함이 없다. 그러면 프레젠테이션을 할 때 구체적으로 어떠한 점에 특별히 주의해야 할까?

슬라이드 작성의 기본 원칙

지금부터 슬라이드를 작성할 때의 포인트를 살펴보도록 한다.

① 피라미드 구조가 논리적으로 완성되어야 한다

설득의 기본이 적절한 피라미드 구조에 있다는 것은 동일하다. 우선 충분한 시간을 들여 피라미드를 완성시키자.

워드프로세서로 제안서를 작성할 때는 문장을 쓰다가 막히는 지점에서 사고 전개에 문제점이 있다는 것을 알게 되는 경우도 많지만, 프레젠테이션 슬라이드의 경우에는 사용하는 문장 자체가 적고, 웬만한 메시지는 단어 수준에서 해결하는 일도 많기 때문에 논리 전개의 잘못을 파악하기 어렵다.

그러나 완성된 슬라이드를 보는 사람의 입장에서는 문서에서보다 논리 구조의 골격이 겉으로 더 잘 드러나기 때문에 이유와 결론 사이에 논리의 비약이 있다든가 하는 것을 발견하기 쉽다. 그것을 감추기 위해 차트를 사용하는 등의 편법을 쓰다가 결국에는 수습할 수 없게 되는 경우도 있다. 그래서 슬라이드로 정리할 경우는, 특히 논리적 구조가 잘 짜여지도록 주의해야 한다.

② 피라미드 구조에 따라 슬라이드를 만들어야 한다

피라미드 구조가 완성되면 제안서 작성 때와 마찬가지로 구조를 무너뜨리지 않아야 한다. 이번에도 피라미드와 다른 구조로 프레젠테이션을 만든 수강생이 있었는데, 이래서는 피라미드 구조를 완성한 의미가 없다. 한편, 슬라이드를 만드는 과정에서 기존의 구조에 문제점이 발견되면 피라미드 그 자체를 수정하도록 한다.

③ 문장을 너무 짧게 하지 말아야 한다

문자의 크기가 크면 문장을 종합해서 쓰기 힘들겠지만, 탄탄한 논리 구조를 위해서라면 문장이 길어져도 충분한 설명이 되도록 하는 것이 포인트다.

일반적으로 프레젠테이션을 한 뒤에 프레젠테이션에 사용한 슬라이드를 프린트해서 사람들에게 건네게 된다. 설명을 들은 담당자는 뒷날 사내회의에서 그 프린트에 근거하여 상사에게 설명해야 하는 경우가 종종 있기 때문에, 프린트된 슬라이드 속에 전달해야 할 메시지가 확실하게 포함되도록 해야 하는 것이다.

단, 슬라이드 프린트물 배포를 일체 하지 않고 슬라이드를 구두 설명을 위한 보조물로서만 사용할 경우라면 슬라이드 자체의 설명이 부족해도 상관없다.

④ **다양한 표현 기법을 사용하여야 한다**

짧은 문장이나 화살표, 차트 등을 써서 그래피컬하게 슬라이드를 만든다. 이 때 직관적으로 이해시키는 부분과 이유를 설명하거나 세부적인 논리를 전하는 부분은 보여주는 방식을 달리 해서 전체적으로 구분을 명확하게 한다. 또한 슬라이드는 간단한 내용을 전하는 것이라고 해도 수십 장에 달하는 것이 보통이기 때문에, 항목마다 그 항목을 한눈에 보여주는 페이지를 두어 지금 무슨 설명을 듣고 있는지 재확인하면서 진행하는 것이 좋다.

[오와키 나오히코 씨의 제안서와 강평]

오와키 씨의 프레젠테이션은 비교적 논지가 통하고 있다. 전체의 구성을 살펴보면,

1. 우리회사의 강점・약점의 분석
2. 인터넷 온라인 판매 시스템의 성공 분석
3. IT 및 초등학생과 중학생 대상 시장의 동향
4. 신규 사업의 제안

의 4가지다. 한편, 오와키 씨가 '연습8'에서 만든 피라미드는,

〈KL1〉 내부 스태프는 참고서나 문제집으로 실적을 올리고 있지만 신규 사업에 약하고 보수적이었다.

〈KL2〉 IT기술자가 부족한 가운데 외부 스태프를 이용하여 인

초등학생과 중학생 대상의

e러닝사업 진출에 대한 제안

❶

우리회사의 강점 · 약점 분석

강점

· 참고서와 문제집에서는 높은 평가를 얻고 있다.

· 참고서와 문제집을 만들 수 있는 집필진을 많이 확보하고 있다.

❷

우리회사의 강점 · 약점 분석

약점

· 편집자나 집필진의 경력은 오래 되었지만 신규 사업에 대한 관심이 낮다.

· 초등학생과 중학생 인구의 감소(출산률 감소) 〉〉전통적 출판의 매출 감소 위기

❸

우리회사의 강점 · 약점 분석

우리회사의 강점 ·
약점 분석의 종합정리

→ 우수한 내부 스태프와 집필진으로 인한 높은 평가 · 수익성 있는 학습 참고서 · 문제집을 만들 수 있다.
· 신규 사업이 약하다.
· 매출 감소 위기가 다가오고 있다.

❹

인터넷 온라인 판매 시스템의 성공 분석

· 출판물의 온라인 판매 시스템 구축, 예상 이상의 성공을 거두고 있다 (작년부터, 우리회사 홈페이지에서)

❺

인터넷 온라인 판매 시스템의 성공 분석

KSF(성공의 요소)는 무엇인가?

· 인터넷이나 기술을 아는 인재는 아직도 그 층이 얕다.

→ 경쟁 상대방은 아직 수준 높은 홈페이지를 만들 수 없다.

· 우리회사는 IT관련 외부 스태프와 협력하여 홈페이지를 구축했다.

→ 외부 스태프와의 협력으로 경쟁 상대방을 이길 수 있었다.

❻

인터넷 온라인 판매 시스템의 성공 분석

온라인판매시스템 구축에 의해…

→ T관련 외부 스태프와의 밀접한 협력 관계가 만들어졌다.

❼

IT 및 초등학생과 중학생 대상 시장의 동향

· ADSL, CATV 등 고속통신망 가입자가 급증

· 통합학습 시간이 신설되어 학교에서 인터넷을 사용하는 것이 일반화되었다.

· 초등학교 3학년 이상의 어린이가 있는 가정의 PC 보유율은 60%

↓

초등학생과 중학생 대상 시장에서 인터넷 인프라의 충실화가 이뤄졌다.

❽

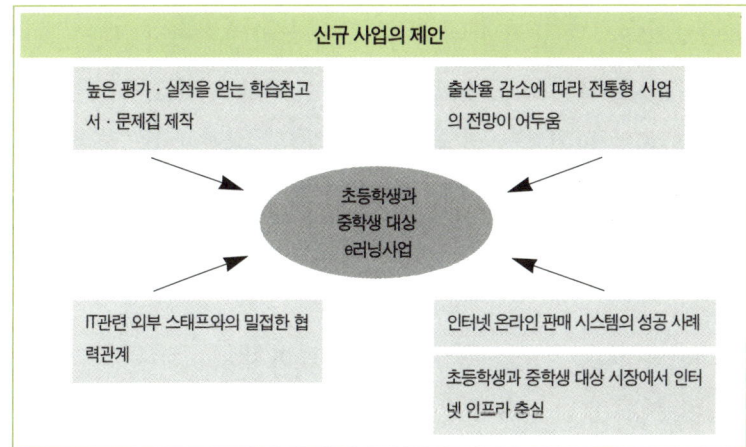

신규 사업의 제안

높은 평가 · 실적을 얻는 학습참고서 · 문제집 제작

출산율 감소에 따라 전통형 사업의 전망이 어두움

IT관련 외부 스태프와의 밀접한 협력관계

인터넷 온라인 판매 시스템의 성공 사례

초등학생과 중학생 대상 시장에서 인터넷 인프라 충실

→ 초등학생과 중학생 대상 e러닝사업

❾

신규 사업의 제안

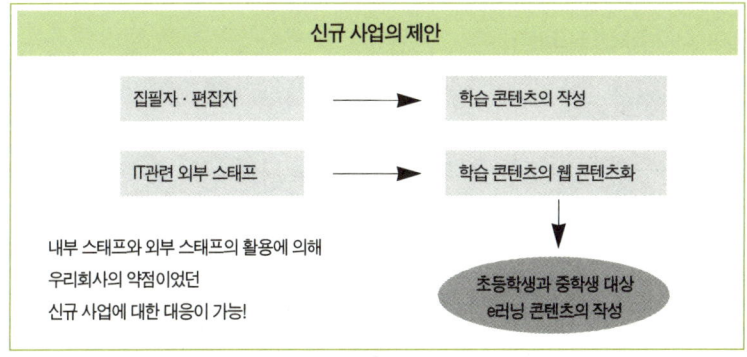

집필자 · 편집자 → 학습 콘텐츠의 작성

IT관련 외부 스태프 → 학습 콘텐츠의 웹 콘텐츠화

↓

초등학생과 중학생 대상 e러닝 콘텐츠의 작성

내부 스태프와 외부 스태프의 활용에 의해
우리회사의 약점이었던
신규 사업에 대한 대응이 가능!

❿

터넷 비즈니스 실적을 올렸다.

〈KL3〉 초등학생과 중학생 대상 시장에서 인터넷 인프라가 충실해졌다.

로 되어 있다. 양자를 비교하면 알 수 있듯이 오와키 씨는 자신이 만든 피라미드를 무시하고 슬라이드를 만들어버렸다. '연습9'의 이시바시 씨와 같은 실수(162페이지 참조)를 하고 있다.

이것을 보고 '나는 이런 단순한 실수는 하지 않는다'고 생각하는 사람도 많을지 모르지만, 글로비스 매니지먼트 스쿨의 클래스에서도 이러한 문제는 늘 있다. 클래스에서의 과제는 이 책의 과제보다 복잡한 것도 많기 때문에 수강생들이 더 혼란스럽기도 하겠지만, 애써 만들어 놓은 키 라인을 무시하고 본문을 쓰는 실수는 물론이고, 애당초 메인 메시지를 쓰는 과정에서부터 다른 방향으로 흐르는 예도 많다.

이슈와 서브 이슈를 처음부터 마지막까지 유지하는 것은 실제 작업을 하다 보면 의외일 정도로 어렵다. 그래서 클래스에서는 '논리적 사고는 이슈의 유지가 전부'라는 말을 할 정도로 강조하고 있다.

여기서는 일단 '연습8'에서의 키 라인이 없었다는 가정 아래 슬라이드의 완성도를 검토해 보자.

먼저 강점과 약점을 분석하고 나서 그 뒤에 인터넷 온라인 판매의 성공 요소(KSF=Key Success Factor 핵심 성공 요인 분석)를 분석하고 있다. 양쪽 다 경영 분석에서는 흔히 사용하는 기법으로서 강점 · 약점을 분석할 때 인터넷 온라인 판매의 성공 요소도 역시 강점의 하나로 들어가야 할 것이다. 이렇게 되면 결국 강점·약점의 분석과 KSF분석이 중복되기 때문에 메시지가 분명하지 않게 된다. 또, 약점을 분석하고 있는데 그 약점을 극복하는 방법에 대해서는 생각하고 있지 않다. 그래서 그러한 약점이 있는데도 불구하고 왜 e러닝사업에 진출해야 하는지 그에 대한 설명이 충분하지 않다.

왜 이렇게 되었을까?

강점·약점이나 KSF는 분석 기법이지 메시지를 만드는 기법은 아니다. 따라서 강점·약점과 KSF분석을 그대로 메시지로 옮기는 것이 아니라, 분석을 통해 얻은 결과를 기초로 무엇을 제안할지 재정리하여 피라미드를 만들어야 한다. 오와키 씨가 만들었던 피라미드(위 '연습8'의 답안)는 메시지를 채우는데는 부족함이 있었으나, 그 자체로는 적절하게 만들어진 것이었다. 다시 강조하건대, 제안서는 분석 그 자체가 아니라 분석의 결과 무엇을 해야 하는지를 전달하는 것이어야 한다.

오카다 타다시 씨의 제안서와 강평

오카다 씨의 슬라이드는 화살표로 메인 메시지와 그 근거(키 라인)를 연결함으로써 논리 구조를 알기 쉽다.

전반부(④~⑥번 슬라이드)에서 메인 메시지와 키 라인의 논리적 관계, 그리고 후반부(⑦~⑨번 슬라이드)에서 키 라인과 사실 정보(개별 메시지)의 논리적 관계를 표시하고 있는데 구조가 깔끔하다.

그러나 오카다 씨의 슬라이드는 구조를 알기 쉬운 반면에, 피라미드를 그대로 분해하여 붙인 것에 지나지 않아서 페이지가 늘어난

e러닝사업에 대한 제안서

2002년 3월 7일

오카다 타다시

❶

e러닝이란?

↓

PC를 사용하여 인터넷에서의 네트워크를 활용, 웹 상에서 실행하는 통신교육의 형태

❷

우리 회사는 e러닝사업에 참가해야 하나?

↓

YES!

❸

우리 회사는 초등학생과 중학생 대상의 e러닝사업에 진출해야 한다.

Why?

↓

1. 우리회사는 종래의 초등학생과 중학생 참고서나 문제집 분야의 노하우가 풍부하다.

❹

우리 회사는 초등학생과 중학생 대상의 e러닝 사업에 진출해야 한다

Why?

↓

2. 홈페이지 상에서의 경쟁력은 타사보다 우위에 서 있을 가능성이 크다.

❺

우리 회사는 초등학생과 중학생 대상의 e러닝 사업에 진출해야 한다.

Why?

↓

3. 학교와 가정에서 고속 인터넷 사용이 일반화되었다.

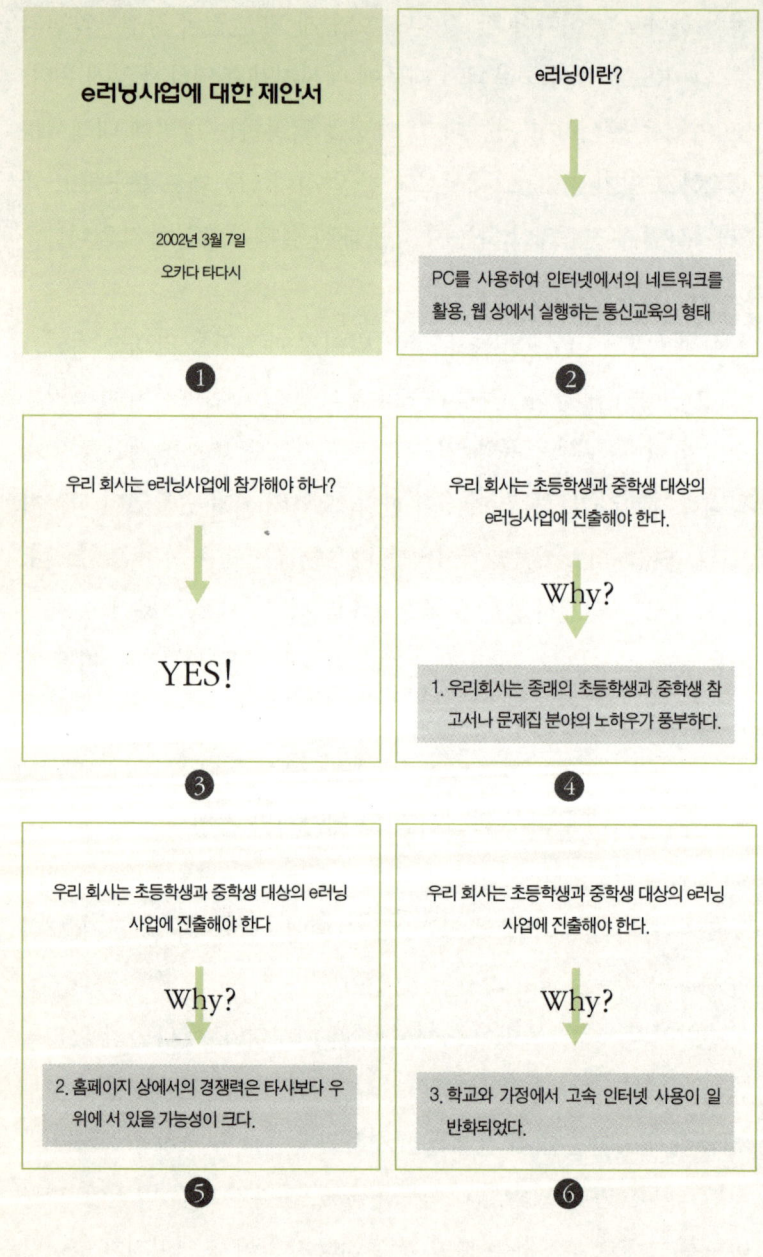

❻

1. 우리회사는 종래의 참고서나 문제집 분야에서 노하우가 풍부

· 지금까지 우리회사의 참고서나 문제집은 좋은 평가를 얻어왔다.
· 유능한 집필진을 많이 확보하고 있다.
· 편집자나 집필진은 경험이 풍부하지만, 새로운 것에 대한 의욕은 약하다.

다른 분야에 이 노하우를 살릴 수 없나?

⑦

2. 인터넷 상에서의 경쟁력은 타사보다 우위에 서 있을 가능성이 크다.

· 작년부터 우리회사 홈페이지에서 온라인 판매 시스템을 가동하여 예상 이상의 실적을 올리고 있다.
· 홈페이지를 개발한 스태프는 우리회사와 밀접한 관계에 있다.
· 인터넷이나 기술을 아는 인재는 아직 층이 얕다.

인터넷의 노하우는 타사보다 유리한 입장!

⑧

3. 인터넷이 학교와 가정에 급속하게 보급되고 있다.

· 최근 조사에서는 초등학교 3학년 이상의 아이가 있는 가정의 PC 보유율은 60%에 이르고 있다.
· 통합적인 학습 시간이 신설되어 학교에서 인터넷의 사용이 일반화 되었다.
· ADSL, CATV 등 고속통신망 가입자가 급증하고 있다.

우리회사 주 고객의 인프라 환경은 정비되어가고 있다!

⑨

우리회사는 초등학생과 중학생 대상의 e러닝 사업에 진출해야 한다.

⑩

만큼, 도리어 피라미드를 알기 힘들게 되었다는 점이다.

논리 구성(피라미드)에 따라서 문서화하는 것은 좋은데, 그 때 피라미드의 문안을 그대로 사용하면 너무나도 무미건조해져서 설득력이 떨어진다.

하나의 키 라인을 10줄 정도의 글(문장으로는 5~10개가 될 것이다)로 조리있게 설명하는데 필요한 문장력 정도는 익혔으면 한다.

슬라이드 표현을 하다 보면 문장을 짧게 해야 한다는 함정에 빠져서 표현을 너무 잘라내다 보니 내용이 전달되지 않게 되는 것이다.

[나카니시 코지 씨의 제안서와 강평]

나카니시 씨의 제안서는 거의 완성에 가깝다. 슬라이드로 제시된 키 라인은,

1. 우리회사의 강점을 발휘할 수 있는 사업이다.
2. 뛰어난 홈페이지를 구축할 수 있는 유능한 개발 스태프가 있다.
3. 초등학생과 중학생에게 e러닝이 확산될 수 있는 환경이 마련되었다.

로 되어 있으며, 한편 나카니시 씨가 '연습8'에서 만든 키 라인은,

〈KL1〉 우리회사에는 e러닝사업에서 발휘할 수 있는 강점이 있다.

〈KL2〉 우리회사에는 뛰어난 e러닝 홈페이지를 구축할 수 있는 유능한 개발 스태프가 있다.

〈KL3〉 초등학생과 중학생에게 e러닝이 확산될 수 있는 환경이 마련되었다.

이다. 양자는 표현은 약간씩 다르지만 말하고 있는 내용은 동일하므로 나카니시 씨가 이슈와 서브 이슈를 유지하고 있음을 알 수 있다.

전체의 논리적 구조를 제시한 다음 각론의 설명에 들어가는데, 각 키 라인에 대해서 3장의 슬라이드를 주어, 제1 키 라인에 대해서는 ③~⑤번 슬라이드에서, 제2 키 라인에 대해서는 ⑥~⑧번 슬라이드에서, 제3 키 라인에 대해서는 ⑨~⑪번 슬라이드에서 정성껏 설명하고 있다. 각각의 설명 구조도 '키 라인을 밑받침하는 팩트' → '사실 정보의 내용을 심화한다' → '그 사실 정보가 신규 사업에 긍정적으로 작용하는 이유'라는 순서로 깨끗하게 정리되어 있어서 읽는 이의 입장에서도 이해하기 쉽고 설득력이 있다.

문장이 조금 길어서 슬라이드로서는 직관적으로 전달되지 않는다는 느낌이 언뜻 들지만, 일반적으로 슬라이드를 페이퍼로 출력해서 배포한다는 점을 생각하면 이 정도의 설명은 들어 있는 편이 좋다.

물론 슬라이드를 단지 구두 프레젠테이션의 보조물로만 사용하고 프린트하여 배포할 것이 아니라면, 가령 ④번 슬라이드를 3장으로 분할하든가, 혹은 차트화하는 등의 처리를 하는 게 더 깔끔할 것이다.

초등학생과 중학생 대상의

e러닝사업 진출 제안서

①

초등학생과 중학생 대상의 e러닝사업에 진출해야 한다.

3가지 이유 :

1. 우리회사의 강점을 발휘할 수 있는 사업이다.
2. 뛰어난 홈페이지를 구축할 수 있는 유능한 개발 스태프가 있다
3. 초등학생과 중학생에게 e러닝이 확산될 수 있는 환경이 마련되었다.

②

1. 초등학생과 중학생 대상의 e러닝은 우리회사의 강점을 발휘할 수 있는 사업이다.

초등학생과 중학생 대상의 e러닝사업은 지금까지 우리회사가 잘한다고 여겨왔던 교육사업이다.

↓

우리회사의 강점을 발휘할 수 있다.

③

우리회사의 강점은 무엇인가?

- 콘텐츠 작성력 : 참고서나 문제집을 만들 수 있는 집필진을 많이 확보하고 있다.
- 시장에서의 평가 : 참고서나 문제집으로 시장에서 좋은 평가를 받아왔다.
- 경험 있는 스태프 : 편집자나 집필진 등 경험을 쌓은 베테랑 스태프를 사내에 확보하고 있다.

④

e러닝사업에서는 다음과 같이 우리회사의 강점을 발휘할 수 있다.

- 콘텐츠 작성력 : 질 높은 풍부한 콘텐츠의 계속적인 제공이 가능하다.
- 시장에서의 평가 : 이미 교육 분야에서 평가를 얻고 있으므로 e러닝에서도 고객으로부터 신뢰를 얻을 수 있다.
- 경험 있는 스태프 : 사업 전개나 고객을 대할 때 경험을 살릴 수 있다.

⑤

2. 뛰어난 홈페이지를 구축할 수 있는 유능한 스태프가 있다.

e러닝사업에서 성공하기 위한 가장 중요한 열쇠가 되는 것은 무엇보다도 뛰어난 홈페이지를 구축하는 것이다.

↓

거기에 필요한 유능한 개발 스태프가 있다

⑥

유능한 스태프란?

- 밀접한 협력관계가 있다 : 사외이긴 하지만, 밀접한 협력관계를 갖고 있다.
- 홈페이지에서의 실적이 있다 : 같은 스태프가 개발, 작년부터 가동하고 있는 교재의 온라인 판매는 예상을 넘는 실적을 올리고 있다.

⑦

유능한 스태프가 e러닝사업을 성공시키는 추진력이 된다.

- 밀접한 협력관계가 있다 : 일을 맡기기 쉽고 또 우리회사를 위해서 능력을 발휘하고자 하는 열의가 높다.
- 홈페이지에서의 실적이 있다 : 과거 실적을 충분히 살려서 뛰어난 사이트를 더 효율적으로 개발하는 것이 가능하다.

⑧

3. 초등학생과 중학생에게 e러닝이 확산될 환경이 마련되었다.

사업이 성공하기 위해서는 초등학생과 중학생에게 e러닝이 확산될 수 있는 환경이 마련되어 있어야 한다.

↓

그러기 위한 환경이 마련되었다.

⑨

초등학생과 중학생에게 e러닝이 확산될 환경이란?

- 고속통신 회선의 보급 : e러닝을 쾌적하게 실행할 수 있는 고속통신망 가입자가 증가하고 있다.
- 초등학생과 중학생의 인터넷 사용법 향상 : 최근의 초등학생과 중학생은 학교에서 인터넷을 사용하는 것이 일반화되어, e러닝을 실행하는데 필요한 인터넷 사용 방법을 익히고 있다.
- 어린이가 있는 집의 PC 보급률 : e러닝에 필요한 PC의 보급률은 어린이가 있는 집의 60%에 이른다.

⑩

이러한 환경 변화가 e러닝사업을 성공시키는 요인이 된다.

- 고속통신망의 보급 : e러닝을 쾌적하게 실행할 수 있는 환경이 확산되고 있으므로 e러닝의 보급도 가속된다.
- 초등학생과 중학생의 인터넷 사용법 향상 : 초등학생과 중학생에게 e 러닝이 유익하고도 사용할 만한 툴로서 받아들여지게 된다.
- 어린이가 있는 집의 PC 보급률 : 가정에서도 e러닝을 사용할 수 있게 되면 그것만으로 e러닝의 시장 기회가 확대된다.

⑪

결론

초등학생과 중학생 대상의 e러닝사업으로 진출해야 한다.

이상 살펴본 바와 같이 초등학생과 중학생 대상의 e러닝사업은 우리회사의 강점을 제대로 발휘할 수 있으며 환경도 잘 갖춰진 사업이다. 나아가 실행을 위한 유능한 개발 스태프도 확보되어 있으므로, 이 사업에 진출해야 한다고 제안하는 바다.

⑫

그렇다고는 하지만 인간의 뇌는 정보 밀도가 일정 수준은 되어야 오히려 더 잘 이해하는 것도 사실이다. 예를 들어, 사람들은 신문 1면에 있는 기사의 수라는 정보 밀도에 자신도 모르게 익숙해져 있게 마련이다. 따라서 정보를 지나치게 분해하면 하나 하나의 사실 정보(개별 메시지)는 잘 전달되지만, 전체를 파악하기 어렵게 된다. 그래서 전체를 나타내는 페이지(예를 들어, 구조도 등)를 만들기 위해 제안서의 양을 늘려야 하는 일도 생긴다. 따라서 프레젠테이션의 상황에 따라서 정보 밀도를 어떻게 할 것인지 잘 고민해 보기 바란다.

이와 같은 점까지 포함해서 생각하면, 나카니시 씨의 슬라이드는 비주얼한 표현에 대한 연구가 별로 없고 임팩트도 약하긴 하지만, 내용이 충실하여 합격선을 넘은 완성품이라고 할 수 있다.

3 PC의 완벽한 사용은 기본이다

피라미드 구조는 엑셀로 만든다

여기서는 설득력과 직접 관계가 없지만, 제안서를 만드는 툴로서의 PC 사용법에 대하여 조금 얘기해두겠다.

글로스비 매니지먼트 스쿨에서도 피라미드 구조를 만드는 과제를 내 주며 이 때 '손으로 작성해도 좋다'고 하지만, 거의 대부분의 수강생들은 과제를 PC로 작성한 후 출력한 것을 가져온다.

피라미드는 본래 메모지를 사용하여 만드는 것이 가장 좋다. 메모지 한 장에 하나의 사실 정보(개별 메시지)를 기입한 후 그에 해당하는 서브 이슈를 적은 종이 아래 늘어뜨리거나, 거꾸로 사실 정보(개별 메시지)를 적은 메모지를 성격에 따라 그룹핑한 후 So What?을 통해 만든 서브 이슈 메모지를 그 위에 둔다거나 하는 것이다. 또 생각이 바뀔 때마다 새로 작성한 메모지를 계속 바꿔 붙여가면서 작업하면 편리하다.

그러나 실제 메모지를 사용해서 이런 작업을 하려면 상당히 넓은 책상이 필요하다. 회의실의 테이블을 독점할 수 있는 환경이 아니면 힘들다.

그래서 28페이지에서도 설명했지만 엑셀을 사용하는 방법을 권하고 싶다.

워드나 파워포인트 같은 툴도 있는데 그런 것을 놔두고 굳이 엑셀을 사용하는 이유는 엑셀에는 용지의 사이즈라는 개념이 없기 때문이다. 무한대의 워크 시트 위에 메모지를 붙이듯이 기본 도형으로 상자를 만들고, 메시지를 써넣어 가며 마우스로 움직이면서 생각을 전개하는 것이다. 작업이 어느 정도 완성되었을 때 '커넥터'로 연결한다. 커넥터를 사용하면 나중에 박스를 이동시켜도 접속이 끊어지지 않으므로 편리하다.

하나를 만들고 나서 약간 변형된 판을 따로 만들고 싶을 때도 만든 시트를 복사한 다음 작업하면 된다. 원래의 것이 남아 있기 때문에 나중에 비교 검토하는 작업도 간단하게 할 수 있다. 확대와 축소 기능을 사용하여 화면 크기를 조절하면, 커다란 피라미드도 축소하여 한 눈에 보거나 또는 세부를 확대하여 자세히 살피거나 하면서 자유로이 작업할 수 있는 것도 편리하다. 완성되면 '용지 설정' 기능을 이용하여 전체가 1장의 종이에 들어가도록 해서 인쇄하면 된다.

텍스트 에디터와 워드프로세서 문서

문장을 만들 때는 워드를 사용하는 사람이 많은데, 워드로 쓰여진 문서를 메일로 보낼 때는 첨부파일로 전송해야 한다. 그래서 메일을 받은 사람은 문서를 바로 읽을 수 없고 일단 자기 컴퓨터의 워드를 실행하여 열어야 한다.

간단한 조작이기는 하지만 메일을 일단 닫고 나중에 다시금 문서를 찾으려고 할 때, 일일이 첨부파일을 다시 열면서 확인하는 것은 좀 귀찮은 일이다. 게다가 워드로 써야 할 정도가 아닌 단순하고 짧은 문서, 즉 플레인 텍스트 방식으로도 충분히 정리할 수 있는 문서를 워드로 작성하여 파일첨부 식으로 보내는 것은 읽는 이를 더 짜증나게 한다.

플레인 텍스트란 문자의 사이즈나 굵기 등의 지정이 없는 문자코드만으로 된 텍스트이며, 일반적으로 전자메일에 표시되는 문서가 여기에 해당된다. 문서의 내용이 복잡하지 않은 경우에는 플레인 텍스트로 쓰고 메일의 본문에 그대로 넣어버리는 편이 내용을 곧바로 읽을 수 있어서 편리하다. 따라서 그런 경우에는 가능한 한 플레인 텍스트로 할 것을 권한다.

플레인 텍스트를 이용하면 컴퓨터의 기종이나 소프트웨어의 환경을 가리지 않고 누구나 메시지를 쉽게 주고받을 수 있다는 것도 좋은 점이다. 완성된 텍스트는 첨부하지 말고 메일 본문에 그대로 복사나 붙여쓰기 하여 보내버리자.

파워포인트는 디자인 템플리트를 사용한다

파워포인트를 사용할 경우는 디자인 템플리트를 효과적으로 사용하기 바란다. 표준 템플리트만으로도 여러 가지 뉘앙스를 표현할 수 있지만, 템플리트에 자신의 회사 로고를 넣거나 헤더 등을 능란하게 사용하면 표현력이 훨씬 좋아진다. 템플리트로 체재를 만들고, 본문에서는 체재보다 내용(논리나 표현)에 집중할 수 있으면 더 좋은 작품을 만들 수 있을 것이다.

템플리트를 사용하면 같은 슬라이드 데이터를 놓고도 디자인을 순식간에 바꿀 수 있다. 이 기능을 사용하면, 예를 들어 구두 프레젠테이션을 할 때는 감색을 배경으로 한 샤프한 슬라이드를 사용하다가, 배포를 할 필요가 생기면 슬라이드를 흰 색 바탕에 글씨나 테두리 등을 회색이나 검정색 표시로 순식간에 바꾸어 프린트할 수 있다.

템플리트를 쉽게 사용하려면 메인 메뉴의 '보기'를 '기본'으로 한 상태에서, 왼쪽의 윈도우 텍스트 박스에 내용이 아웃라인으로 표시되게 하는 편이 좋다. 가능한 한 표준으로 준비된 텍스트 박스를 사용하여 써 나가도록 하면(차트나 도표는 어쩔 수 없지만), 나중에 디자인 템플리트를 적용, 변경하기가 쉽다.

제3부에서는 여기까지 배운 것을 기초로 종합적인 연습을 한다. 과제에 등장하는 '토탈인쇄'라는 기업의 사례를 잘 읽고(몇 번 반복하여 읽기 바란다), 자신이 그 사원이 된 셈치고 구체적인 상황을 생각해 본다. 회사는 어떤 분위기인지, 업무의 흐름은 어떻게 되고 있는지, 사장은 어떤 사람인지, 자신의 의견에 사람은 어떤 반응을 보이는지? 머리 속에 구체적으로 그릴수록 이해가 깊어지고 생각도 치밀해진다.

연습을 진행하기 전에 가능하다면 제1부(특히 제2장)를 다시 읽어 보면 좋다. 이 연습문제에서 좋은 성과를 올릴 수 있으면 당신의 능력은 상당히 높아졌다고 봐도 좋다.

종합 연습문제

설득력 있는 제안서 작성하기

제3부

Logical Communication + Persuasive Presentation

SOHO 사원제도에 관한 제안서

제안서 작성 사례와 강평

SOHO사원제도에 관한 제안

자신의 손으로 직접 답안을 작성해 보자

그러면, 드디어 최종 과제이다. 종합연습으로서 모두 스스로의 힘으로 직접 해보는 과제이다. 지금까지 10가지 과제를 자기 힘으로 풀어온 사람은 물론이고 "읽기만 하면서 여기까지 와버렸다"는 사람도, 이 과제만큼은 꼭 자신의 머리와 손을 움직여서 답을 작성해 보기 바란다.

수강생들의 답안을 보면 몇 가지 패턴이 나타난다. 이렇게 패턴이 나타난다는 것은 곧 사람들이 행하는 실수나 사고에 패턴이 있다는 것을 의미한다.

이 마지막 장에서는 수강생의 답안을 가능한 한 많이 보여 주기 위해서 5명이나 되는 사람들의 답안을 모두 수록했다. 대신에 필자의 강평은 핵심적인 문제를 지적하는데 그쳤다. 그 이상의 수정은 독자들이 해설이나 연습 페이지를 참조하여 직접 해보기 바란다. 그렇게 하면 자신의 잘못된 사고 습관을 더 정확하게 확인할 수 있기 때문이다.

독자들은 연습문제를 풀면서 하나의 과제에 대해서 많은 메시지를 만들 수 있다는 것, 그리고 그 메시지를 만드는 방법에 따라 독자인 당신에게 주는 설득력이 상당히 달라진다는 것을 체감해 보기 바란다. 평상시에는 제안서를 만드는 입장에 있었던 사람도 제안을 받는 입장이 되어 다른 사람이 만든 제안서를 읽어보면, 전에는 잘 몰랐던 것이 보이게 된다. 동시에 자신의 답안이 아래의 5명 중 어느 패턴을 닮았는지도 알 수 있게 될 것이다. 부적절한 논리를 구성했을 경우에도 그러한 부적절한 구성을 하게 된 것이 자신이 어느 패턴에 속해 있기 때문이었는가를 알 수 있다면 논리적인 사고력을 발전시키는 토대가 될 수 있다.

과제

당신은 중견 인쇄물 제작회사 '토탈인쇄'의 그래픽 디자이너입니다. 당신은 아내의 출산을 계기로 더 나은 주거 환경과 가족에 충실할 수 있는 생활을 추구하게 되었습니다. 그래서 가능하다면 도시를 떠나 자연 환경 속에 살면서 거기서 PC를 사용하여 일을 해야겠다고 생각하고 있는데, 이것은 아내의 희망이기도 합니다. 그래서 'SOHO사원제도'에 관한 제안서를 작성하여 사장님께 제출하기로 했습니다.

제안서 작성 사례와 강평

사례 : 토탈인쇄

토탈인쇄는 사원수 50명, 설립된지 6년만에 중견 인쇄물 제작회사로 성장했다. 인쇄 자체는 출자회사인 라이프 프린팅에서 맡아서 한다. 토탈인쇄는 영업과 인쇄물 기획을 하고, 기획이 확정되면 외부의 카피라이터가 카피를 작성하며, 디자인은 PC를 사용하여 사내 디자이너가 한다. 시안이 완성되면 라이프 프린팅에 인쇄용 데이터를 넘겨서 인쇄물을 완성한다. 이것이 이 회사의 통상의 작업 과정이다.

수주하는 주된 인쇄물은 기업체 홍보물, 상품 광고물, 전단 등이다.

사내의 주된 부서는 영업, 편집, 디자인의 3개 부서로 되어 있다. 영업부에서 수주한 다음 편집자를 중심으로 해서 편집 작업이 진행된다. 편집 담당자가 제품의 컨셉을 정하면, 그것에 맞춰서 카피라이터를 선정하여 원고를 작성케 한다. 그리고 나서 편집 담당은 사내 그래픽 디자이너 중에서 해당 제작물에 적합한 사람을 골라서 작업을 맡기며, 디자이너는 올라온 원고와 컨셉을 기초로 인쇄물의 디자인을 한다.

디자인 작업을 구체적으로 보면, 텍스트 원고와 사진을 보고 거기에 맞추어 레이아웃을 결정하며, 레이아웃에 따라 사진을 배치하고 정보가 독자의 눈에 쉽게 전달되도록 디자인한다. 이러한 작업은 예전에는 복사기를 사용하여 대지에 오려붙이기를 하면서 했었는데, 지금은 모두 PC를 사용하여 한다. 인쇄물의 레이아웃이나 화상처리 소프트웨어는 통상의 PC용 소프트웨어보다는 비싸지만, 개인이 구입할 수 있는 가격대다. 다른 주변기기들도 필요하긴 하지만 기술혁신으로 저가격화가 진행되고 있기 때문에 역시 그렇게 비싼 것은 아니다. 즉, SOHO(Small Office & Home Office) 형식으로 일을 해도 작업은 충분히 할 수 있다.

완성된 디자인은 디자이너가 최종 확인을 한다는 점이 일반적인 제작회사와 조금 다르다. 통상은 편집자가 최종 확인을 하지만 토탈인쇄에서는 사내 디자이너가 중심이기 때문에 최종 확인을 디자이너가 하고, 그것을 그대로 인쇄용 데이터에 반영시켜서 라이프 프린팅에 디지털 데이터로 전달한다. 이처럼 작업 공정이 단순화되어 있어 작업 속도가 빠르고 실수가 적다는 점이 토탈인쇄의 강점이다.

거꾸로 말하면 토탈인쇄의 디자이너는 편집자로서의 일도 겸하고 있으며, 거래처에 가서 원고를 직접 수정하는 경우도 있다. 그러나 이 부분은 다른 회사처럼 편집자가 하는 것이 좋겠다는 의견이 있어서 사내에서도 종종 작업 공정을 바꿔야 한다는 논쟁이 있었다.

토탈인쇄의 디자이너에게는 후반부 공정에서 디자인 이외의 편집적인 요소가 들어간다는 점은 일의 매력이기도 하고 귀찮은 점이기도 했다. 디자인 작업 그 자체는 SOHO에서도 가능하지만, 최후의 확인 공정을 하는 동안은 거래처에 반복해서 다니거나 마지막까지 기한에 쫓기며 수정을 해야 하기 때문에 아무래도 사무실에 상주할 필요성이 있다.

설문

아래 단계에 따라서 과제를 추진하시오.

① 메인 이슈는 무엇인가?

② 서브 이슈는 무엇인가?

※ 필요하다면 희망하는 작업 스타일이나 급여 시스템을 자유롭게 설정해 볼 것. 단, 토탈인쇄의 상황과 모순되지 않도록 하시오.

③ 피라미드 구조를 만드시오.

④ 피라미드를 참고하여 제안서를 작성하시오.

* 제안서는 A4용지 2장 정도로 함.

제안서

수신 토탈인쇄 주식회사 OO사장님께

일시 2002년 3월 7일

발신 그래픽 디자이너 오카다 타다시

디자이너직의 SOHO(재택근무)사원제도에 관한 제안서

토탈인쇄 그래픽 디자이너직에 관해서 SOHO(재택근무) 허가를 받고자 이에 제안서를 제출합니다.

요점을 말하자면, 디자인 관련 작업에 대해서는 SOHO 방식으로 작업하고, 편집 작업의 성격이 강한 후반부 공정은 현재와 같이 사무실에 출근하여 작업하는 방식을 취할 수 있도록 허가받고자 합니다.

본 제안에서는,

1. 디자인 작업의 특성
2. 저 개인의 생활 환경
3. 우리회사의 업무 절차와 특성
4. SOHO를 실현함으로써 발생하는 문제점의 해결

을 중심으로 검토하겠습니다.

1. 디자인 작업은 SOHO로 할 수 있다.

그래픽 디자이너가 하는 일은 카피라이터에게서 올라온 원고 · 사진과 편집부가 제시한 컨셉을 놓고, 이것을 '어떻게 독자의 눈에 알기 쉬운 형태로 레이아웃 할 것인가'입니다.
과거에는 이러한 작업을 복사기를 사용하여 대지에 자르거나 붙이거나 하는 방식으로 해야 했으므로 자택에서 하기에는 상당히 무리가 있었지만, 최근에는 모두 PC를 이용하여 하기 때문에 집에 있는 PC 1대로 모든 작업을 할 수 있습니다.
단, 자택에서 작업하려면 화상처리 프로그램이나 주변기기 등을 별도로 갖추어야 하는데, 양쪽 다 저 개인이 충분히 구입할 수 있는 가격입니다.

page.1

2. 개인적으로 SOHO로 일을 할 수 있는 환경이다.

사적인 일을 내세워 죄송합니다만, 최근 아이가 생긴 것을 계기로 저와 저의 아내는 가능한 한 자연 환경에 가까운 곳으로 이주하고 싶은 생각을 가지고 있습니다. 물론 자연에 둘러싸인 주거 환경은 집중해서 생각할 요소가 많은 디자인 작업에도 아주 좋다고 확신합니다.

3. 편집 작업의 성격이 강한 후반부 공정은 사무실에서 근무하는 것이 타당

당사에서는 일단 디자인이 끝나면 우리 디자이너가 거래처에 최종 확인을 받고, 완성된 디자인을 인쇄 데이터에 반영시켜서 입고하기까지의 모든 책임을 집니다.
이렇게 함으로써 작업 속도의 향상을 실현하고 실수를 최소화하는 것이 우리회사의 강점이며, 고객으로부터도 그 점에 대해 호평을 받고 있습니다.
이러한 사정을 생각하면, 디자인 작업이 끝난 뒤에는 회사 내부와 외부간의 커뮤니케이션이 중요해지기 때문에 지금까지와 마찬가지로 사무실에서 근무하면서 처리하는 것이 타당하다고 하겠습니다.

4. SOHO에 의해 발생하는 회사 내외의 문제점은 대응 가능

SOHO 근무중 회사와의 커뮤니케이션 부족을 걱정하시리라 생각합니다만, 디자인 작업 동안은 아무에게도 방해받지 않고 집중하는 편이 효율도 올라가고, 작업의 질도 좋아집니다. 커뮤니케이션이 필요해지는 후반부 공정은 사무실 근무를 하면 되므로 전혀 문제될 것이 없다고 생각합니다. 또 SOHO는 회사로서 전례가 없고, 근태 상황 등에 대한 평가 기준을 만들기가 어렵다는 의견도 있을지 모르겠지만 이것은 일의 성과로 판단받고자 합니다.

위의 이유로 디자인에 관한 작업에 대해서는 SOHO 근무, 편집 작업의 성격이 강한 후반부 공정은 기존과 같이 사무실에서 근무하는 것을 허가해주셨으면 합니다.

잘 부탁드리겠습니다.

이상

page. 2

피라미드 구조

편집 작업의 성격이 강한 후반부 공정 이외의
디자인 작업에 대해서는 SOHO를 도입해야 한다.

디자인 작업은 SOHO로 할 수 있다.

- 디자이너의 일은 올라온 원고와 사진을 컨셉에 기초하여 디자인하는 것이다.
- 과거처럼 복사기를 사용하여 대지에 붙이면서 작업할 필요가 없이 모든 작업을 PC상에서 할 수 있다.
- 디자인에 필요한 화상 프로그램이나 주변기기는 개인이 살 수 있는 가격대이다.

후반부 공정 동안에는 사무실에 출근할 필요가 있음

- 완성된 디자인은 디자이너가 거래처에 가서 최종 확인을 받는다.
- 디자이너는 최종 확인한 디자인을 인쇄 데이터에 반영시켜서 입고까지 책임을 지는데, 이러한 작업 방식은 속도가 빠르고 실수를 최소화할 수 있으며 타사에 없는 강점이다.

개인적으로 SOHO로 일을 할 수 있는 환경이다.

- 아이가 태어난 것을 계기로 자연에 가까운 주거 환경과 가정 생활을 충실히 할 수 있는 조건을 만들고 싶다.
- 자연 속의 조용한 환경에서 집중하여 생각하며 일할 수 있는 것은 일의 성격상 커다란 이득이 된다.

회사 내외의 커뮤니케이션 문제는 대응 가능

- 회사 내외의 커뮤니케이션은 후반부 공정 때만 잘 하면 충분하다.
- 근태 상황 등의 평가는 일의 성과로 판단한다.

이슈

토탈인쇄에서 디자이너직의 SOHO근무제도를 어떻게 실현할까?

서브 이슈

1. 디자인 작업은 SOHO를 할 수 있는 환경인가?

[오카다 타다시 씨의 답안에 대한 강평]

이슈가 일정 수준까지는 와 있지만 벗어났다. 이 제안에서는 '우리회사가 SOHO사원제도를 도입한다면 그 이유는 무엇일까?'를 생각하는 것에서부터 시작하는 것이 타당하다고 본다. 그러나 오카다 씨의 이슈는 '어떻게 실현할까?'라고 되어 있다. 그러나 이것은 '제도 도입은 일단 좋다고 보고, 실제로 어떠한 제도라면 잘 될까?'라는 이슈로 읽힐 가능성이 있다. '실현'이라는 말을 사용했기 때문에 생긴 문제다.

이슈는 오해의 여지가 없도록 만들어야 한다.

서브 이슈가 하나밖에 나오지 않았다. 서브 이슈가 무엇인지 다시 한 번 복습했으면 한다. 한편, 피라미드도(圖)와 본문에는 다시 여러 개의 키 라인이 제시되어 있다. 피라미드의 요소가 그대로 본문에 나타나 있어서 피라미드와 본문의 관계는 이해할 수 있게 되어 있다. 그러나 이 피라미드의 논리만으로는 아무래도 설득력이 약하다.

'후반부 공정만 사무실에서'라는 것은 논리적으로는 가능하지만, 통상 한 사람이 여러 개의 디자인 작업을 중첩해서 맡아 진행하는 것이 현실이다. 그렇다면 결국 늘 사무실에 나와 있어야 하지 않을까?(제2 키 라인)

제3 키 라인에서 개인적인 희망을 넣고 있는데, 그에 비해 다른 키 라인은 'SOHO가 되고 싶은 사원 모두'를 전제하고 있다. 그래서 '내가 SOHO가 되고 싶다'는 것인지, '우리회사에 SOHO제도를 도입하는 것이 좋다'는 것인지가 불분명하다. 이슈로부터도 벗어났다. 제안서로서는 후자여야 한다.

결론을 말하자면, 오카다 씨의 답안은 이슈에서나 피라미드 구조에서나 아직 사고가 충분하지 않다. 단, 생각하고자 하는 방법 그 자체는 맞다.

지금은 아직 근력이 부족하여 슛이 골문에 이르지 못하지만, 사고의 '근력'이 붙으면 골을 넣는 것도 가능하겠다.

제안서

'SOHO사원제도' 도입에 관한 제안서

우리회사는 SOHO가 근무 형식으로 적합하며, 사원에게 SOHO로 일할 수 있는 선택의 기회를 제공하는 것은 비용 면에서나 사원의 만족도 향상 면에서 이점이 크기 때문에 SOHO사원제도를 도입할 것을 제안한다.

우리회사의 사업 특성상 사무실의 필요성이 상대적으로 작다

우리회사에서는 인쇄 업무는 하지 않고, 영업 · 편집 · 디자인 업무를 각 부문의 사원이 담당하고 있다. 이들 각 부문의 일에는 사무실에 대기하면서 할 필요가 있는 일과, 사무실이 아닌 집에서도 할 수 있는 일이나 거래처를 오고가는 것만으로 완결할 수 있는 일이 섞여 있다. 그래서 기본적으로는 PC와 전화기만 있으면 사무실이 없어도 많은 일을 실행할 수 있다.

SOHO화에 따른 문제점의 개선이 가능하다

SOHO화에 의해 초래될 수 있다고 염려되는 일부 문제점은 개선이 가능한 것들이다. 디자이너 업무를 보자면 이전에는 복사기나 넓은 작업 공간이 필요했지만, 지금은 모두 PC를 사용하여 작업을 할 수 있다. 필요한 소프트웨어나 기기 등도 개인 부담으로 준비하는 것이 가능한 정도의 가격대이다. 또, 우리회사의 강점은 디자이너를 중심으로 한 업무 체제에 의해 작업이 단순화되어 있어 일처리 속도가 빠르고 실수를 최소화할 수 있다는데 있다. SOHO화가 이러한 종래의 강점을 해치지 않을까 하는 우려가 있을 수 있는데, 성과 관리 방법이나 제작한 데이터의 정보 공유를 위한 룰 등을 새로이 마련하면 문제될 것이 없다.

SOHO에 의해 회사가 얻을 이점은 많다

다음으로 SOHO에 의해 회사가 얻을 수 있는 이점이 많다는 것에 대해 설명하겠다. 첫째로, 사원이 사무실에 상주하지 않게 되는 만큼 사내의 공간 절약이 가능하다. 둘째로, 사원이 자신의 시간을 관리하는 재량이 확산되어 생활의 질을 높일 수 있는 기회가 많아진다. 통근의 부담이 줄고, 활동의 제약을 받지 않으므로 사원의 만족도가 향상된다. 셋째로, 사원들로 하여금 사무실에 출퇴근만 하면 되는 것이 아니라 실제로 일의 성과를 내야 한다는 의식을 갖게 함으로써 생산성이 향상된다.

이상과 같은 점에서 우리회사는 SOHO사원제도를 도입해야 한다고 제안한다.

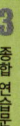

page. 1

피라미드 구조

토탈인쇄는 SOHO사원제도를 도입해야 한다

토탈인쇄의 업무 특성상 사무실의 필요성이 비교적 작다.

- 기본적으로 전화와 PC만 있으면 전체 업무의 대부분을 처리할 수 있다.
- 사무실에 대기하면서 해야 할 일과 그렇지 않은 일이 있다.
- 우리회사는 인쇄 업무는 하지 않고, 영업 · 편집 · 디자인의 각 업무를 해당 부문의 사원이 담당해서 한다

SOHO화의 문제점은 개선이 가능

- 일의 성과 관리나 데이터 관리방법 등의 규칙을 적절하게 마련하면 비효율적인 결과의 발생을 막을 수 있다.
- 디자이너 중심의 단순화된 작업 공정, 그에 따른 높은 작업 속도와 실수의 최소화가 우리회사의 강점이다.
- 과거와 달리 지금은 디자이너의 업무에 필요한 설비는 개인이 장만할 수 있다.

SOHO에 의해 회사가 얻을 이점이 많다.

- 사내 공간 절약 등 각종 경비의 절감이 가능하다.
- 사원이 자신의 시간을 스스로 관리하게 됨으로써 생활의 질을 높일 수 있다.
- 사무실에서 자리만 지키는 풍토를 없애고 일의 성과를 높이는 의식의 향상을 이룰 수 있다.

이슈

토탈인쇄는 SOHO사원제도를 도입해야 한다.

서브 이슈

1. 사업의 특성상 SOHO사원제도에 적합한가?
2. SOHO사원제도 도입 대상이 되는 업무는 무엇인가?
3. 각 분야의 업무는 SOHO화가 가능한가?
4. SOHO화하는 데에 필요한 기기나 기술은 무엇인가?
5. 현재 회사의 강점은 무엇인가?
6. 사무실에서 하는 편이 효율이 좋은 업무는 무엇인가?
7. SOHO에 의해 초래될 수 있는 문제점은 무엇인가?
8. SOHO화의 이점에는 어떠한 것이 있나?

[후지모토 테츠 씨의 답안에 대한 강평]

이슈가 '~해야 한다'로 끝나고 있다. 엄밀히 말하면 이것은 이슈가 아니라 메인 메시지다. 이슈는 '~가?'하는 의문문으로 하라. 메인 메시지 자체는 좋다.

서브 이슈가 무엇인지를 제대로 파악하고 있지 않다. 서브 이슈로서 8개는 너무 많으며 3~5개 정도가 이상적이다. 제안서에서 3개의 키 라인은 피라미드 구조 속에 들어 있는 서브 이슈들과 전혀 무관하게 만들어져 있다. 서브 이슈에 대한 대답이 키 라인 메시지라고 할 때, 후지모토 씨가 실제로 사고한 서브 이슈는 3가지라고 하겠다.

피라미드와 본문의 연결 관계의 기초는 되어 있다. 피라미드의 키 라인이 본문의 표제어가 되어 3단락으로 나뉜 본문을 쓸 수 있었다. 그러나 피라미드 구조를 만드는 데에는 실패했다. 제2, 제3 키 라인이 '불리한 점'과 '유리한 점'을 이야기하고 있는데, 그것이 있다는 이야기만 할뿐이지 그 '불리한 점'과 '유리한 점'의 내용을 제시하고 있지 않다.

'유리한 점이 있다'고 하는 메시지는 모든 제안서, 기획서에 공통되는 당연한 내용이다. 유리한 점이 없는 제안이라면 처음부터 무의미하기 때문이다. 따라서 키 라인은 단지 유리한 점이 있다가 아니라 어떠한 유리한 점이 있는가를 확실하게 말해야 한다. 마찬가지로 불리한 점에 대해서도 '이러이러한 불리한 점이 있지만 극복할 수 있다'는 주장을 펴야 메인 메시지를 밑받침해 줄 수 있다.

'유리한 점 · 불리한 점이 있다'는 구조는 가장 흔히 나타나는 문제 패턴이다. '어떠한 유리한 점, 어떠한 불리한 점이 있는지에 대한 내용을 제시하면서 주장해야 한다.

제안서

수신 사장님

일시 2002년 3월 10일

발신 디자인부 니시카와 에이이치

'SOHO(Small Office & Home Office)사원제도' 도입에 대하여

위 제목의 'SOHO(Small Office & Home Office)사원제도'를 도입할 것을 제안합니다. 제안을 함에 있어서 디자이너의 업무 내용, 우리회사의 강점, 업무의 효율 등 아래 3가지 이유를 들 수 있습니다.

1. 디자이너의 일은 SOHO 근무 형식으로도 충분히 진행할 수 있다

- 현재, 디자이너의 작업은 모두 PC로 이루어지고 있다. 사진을 잘라 붙이거나 복사기를 사용한 레이아웃 디자인도 필요 없어졌고, PC 프로그램으로 모든 조작이 가능하게 되었다.
- 디자이너가 사용하는 PC용 프로그램이나 주변기기는 기술 혁신으로 저가격화가 진행되고 있어서 지금은 개인이 구입할 수 있는 정도의 가격이다. 이러한 작업 공정상의 특징을 고려할 때 SOHO 형식의 근무 형태를 추진하는 것이 충분히 가능하다.
- 나아가, 디자이너는 작업을 PC로 하기 때문에 모든 작업 내용이 디지털화 되어 있다. 따라서 디자인 작업만이 아니라, 인쇄용 데이터의 납품에 이르기까지 PC만 있으면 장소를 불문하고 일을 진행할 수 있게 되었다.

2. 우리회사의 강점을 살리면서 우수한 인재를 확보할 수 있게 한다

- 우리회사는 사원 수 50명, 창립 6년만에 중견 인쇄회사로 성장했다. 이러한 빛나는 실적을 더 큰 성장으로 이어가기 위해서는 지금까지의 강점을 더욱 살려 나갈 필요가 있다.
- 그 강점이란 작업 속도가 빠르다는 것과 실수를 최소화했다는 것이며, 거래처로부

page. 1

터도 좋은 평가를 얻고 있다.

- 이것은 사내 디자이너를 통해서 작업이 단순화되었기 때문에 가능한 일이었다고 할 수 있다.

SOHO 근무가 가능해지면 사내 디자이너도 장기간에 걸쳐서 일하는 것이 가능하다. 예를 들면, 육아나 아이를 돌보면서도 작업을 할 수 있고, 시간을 자유롭게 활용할 수 있어서 언제든지 업무에 복귀할 수도 있다. 디자이너는 전문적인 직종으로서 육성하는데 오랜 시간이 걸리는데, SOHO는 그러한 우수한 인재를 계속해서 유지할 수 있는 제도라고 생각한다.

3. 인터넷을 활용하여 업무의 효율을 높일 수 있다

- 우리회사는 디자인 작업의 후반 공정을 디자이너가 담당한다는 특징이 있다. 이 점이 다른 회사들과 다르다. 그리고 이것이 작업의 단순화로 이어지고 있다.
- 거꾸로 말하면 디자이너는 편집자로서의 일도 겸하고 있다고 말할 수 있다. 이 점에 있어서는 인터넷을 활용하면 디자이너와 편집자가 동시에 후반 공정을 확인할 수 있다. 디자이너가 최종 작업 결과를 인터넷의 홈페이지 상에 게재하면 되기 때문이다. 고객도 인터넷을 활용할 수 있다면 디자이너 · 편집자 · 고객 3자가 함께 확인하는 것이 가능해지며 일의 효율이 더욱 더 좋아진다.
- 지금까지는 디자이너가 최종 확인을 위해 거래처를 수차례 방문하거나 마지막 수정 작업 등을 위해 사무실에 대기할 필요가 있었다.

그러나 위와 같이 인터넷을 활용하면 디자이너와 편집자간의 역할 분담이 가능하여 본래의 담당자인 편집자가 마지막까지 작업 공정을 지켜볼 수 있고, 또한 디자이너는 본래 해야할 디자인 제작 업무를 그 누구의 방해도 받지 않고 집중해서 할 수 있다.

SOHO사원제도를 도입하면 디자이너의 책상이 필요없으므로 사내 공간도 확보할 수 있고 기타 경비 절감도 할 수 있다고 본다.
우리회사의 발전을 위해서 반드시 도입해야 할 제도라고 생각한다.

이상으로 'SOHO사원제도'의 도입을 희망하면서 이에 제안합니다.

이상

page. 2

피라미드 구조

SOHO사원제도를 도입해야 한다

디자이너의 업무는 SOHO 형식으로도 충분히 진행할 수 있다.

- 디자이너의 작업은 모두 PC로 이뤄지고 있다.
- PC용 프로그램이나 주변기기는 개인이 살 수 있는 가격이다.
- 디자이너의 업무는 원고와 컨셉을 기초로 인쇄용 디자인을 만드는 것이다.

우리회사의 강점을 더욱 살리면서, 우수한 인재를 확보할 수 있게 한다.

- 우리회사는 사원 수 50명, 창립으로부터 6년만에 중견 인쇄회사로 성장했다.
- 작업 속도 향상이나 실수의 최소화가 우리회사의 강점이며 거래처로부터 좋은 평가를 얻고 있다.
- 사내 디자이너를 활용함으로써 작업이 간소화하고 있다.

인터넷을 활용하여 업무의 효율을 높일 수 있다.

- 우리회사는 디자이너가 최종 확인을 한다고 하는 점이 다른 곳과 다르다.
- 디자이너가 최종 확인을 위해 거래처를 여러 차례 방문하거나 수정을 하기 위해 사무실에서 대기한다.
- 디자이너는 편집자로서의 일도 겸하고 있다.

이슈

SOHO사원제도를 도입해야 한다.

서브 이슈

1. 디자이너의 업무는 SOHO 형식으로도 충분히 진행할 수 있다.
2. 우리회사의 강점을 더욱 증가시켜 주고 우수한 인재를 확보할 수 있게 한다.
3. 인터넷을 활용하여 업무의 효율을 높일 수 있다.

[니시카와 이치에이 씨의 답안에 대한 강평]

후지모토 씨와 마찬가지로 니시카와 씨도 이슈와 메인 메시지를 착각하고 있다. 그러나 이러한 착각은 그다지 걱정할 필요가 없다. 메인 메시지나 이슈 중 어느 한 쪽이 적절하다면 사고는 크게 궤를 벗어날 일은 없기 때문이다. 중요한 것은 그 뒤로 계속해서 이슈를 중심에 놓고 사고해 갈 수 있느냐 하는 데 있다.

서브 이슈도 MECE에 따라서 범주도 적절하게 잡았다고 할 수 있다. 피라미드의 키 라인이 본문의 표제어로 그대로 등장하고 있는 것에 주목했으면 한다. 이것이 기본이다.

여기까지는 어느 정도 좋은 평가를 받을 수 있지만, 아쉽게도 본문의 표현은 실패작이다. 각 단락 가운데서 다시 각 항목을 '?표시를 이용하여 구분하고 있는데, 본문을 이런 형식으로 구성하면 설득력이 떨어진다. 이미 전체를 3단락으로 구조화 해 놓았는데, 그것을 다시 조목별로 세분하면 읽을 때 흐름이 끊겨 요점을 파악하기 어렵게 된다. 이렇게 되면 독자는 단락 내의 논리를 이해하기 위해 별도의 수고를 해야 한다.

또, 단락을 조목별로 나누면서 사실만 나열하는 글이 되기 십상이다. 니시카와 씨의 제안서도 사실의 나열 뒤에 갑자기 결론이 나옴으로써 논리적인 전개를 하지 못하고 있다. 본문은 흐르듯이 이어 쓰는 형태로 하여 독자가 읽어가는 과정에서 자연스럽게 키 라인(표제어)의 주장 근거가 무엇인지 이해할 수 있도록 해야 한다.

내용 면에서도 사고의 부족이 나타나고 있다. 제1 키 라인에서 '모두 디지털화 가능'이라고 했는데, 사실인가? 예를 들면, 화면에 나타난 색과 종이에 나타난 색의 차이는 인터넷을 이용해서는 확인할 수 없지 않은가. 또 제3 키 라인에 있는 '인터넷 활용'은 제1 키 라인과 중복되는 점도 있는 것 같다. 실제 작업 공정을 잘 생각해 보고 'True?'를 물어가면서 치밀하게 다듬는 작업을 하면 좋겠다.

제3키 라인에서 '경비 절감'이라는 메시지를 추출한 것은 좋다. 이것을 더 심화시킬 수는 없는지 생각해야 할 것이다.

제안서

향후 사업 활동을 고려한 SOHO사원제도에 관한 제안

우리회사도 사원 수 50명을 넘었으므로 앞으로의 업무 진행 방식에 대해서 검토해야 할 시기가 왔다고 생각합니다. 앞으로 회사를 더욱 성장시켜 가려면 무엇이 필요한지, 디자이너의 입장에서 고민해봤습니다. 중요한 문제는 디자이너의 확보를 어떻게 할 것인가 하는 점에 있다고 봅니다.

업무에 따라서 요구되는 기능이 다르다

디자이너가 편집자의 역할도 겸하고 있다는 것은 우리회사의 강점도 되지만, 디자이너에게 주어지는 부담이 늘고 있다는 점에서는 마이너스이기도 합니다. 이 점은 지금까지도 사내에서 자주 논쟁거리가 되었습니다.

실무자의 입장에서 본다면 디자이너가 편집자의 역할을 떠맡지 않아도 될 업무도 많습니다. 예를 들면, 회사 안내나 상품 홍보물 등은 마지막 단계에서 원고의 수정은 빈번하지만, 대폭적인 레이아웃 변경 등은 그다지 없습니다. 따라서 이런 종류의 일은 최종 확인을 편집자가 하게 해야 디자이너는 디자인에 집중하게 할 수 있습니다. 그에 비해 전단 작업은 최종 단계에서 레이아웃 변경이 이루어지는 일이 많습니다. 이 경우에는 지금처럼 디자이너가 최종 확인을 하는 편이 좋다고 하겠습니다.

전단 작업과 같이 빠른 속도와 실수의 최소화가 요구되는 업무의 경우에는 사내 디자이너가 상주하며 대응할 필요가 있지만, 회사 안내서 등의 작업에서는 속도보다는 더 높은 수준의 질을 요구받게 될 것입니다. 이와 같이 업무 내용에 따라 디자이너에게 요구되는 역할이 달라질 것으로 생각합니다.

디자이너의 확보가 필요하다

업무 내용에 따라 디자이너에게 요구되는 역할이 변화할 경우, 현재와 같은 사내 디자이너 중심의 업무 진행 방식은 한계에 부딪치게 될 것입니다. 한 명의 디자이너가 할 수 있는 업무에는 한계가 있기 때문에 디자이너의 인원 수가 업무의 양을 결정해 버립니다. 앞으로 업무가 더욱 확대되어 가면 사내 디자이너를 대폭 증원할 필요가 생깁니다. 그러나 사내 디자이너를 늘리려면 인건비, 사용하는 소프트웨어 등의 비용이 듭니다. 또, 디자이너를 육성하는데는 많은 시간이 걸립니다. 그렇다면 외부의 디

page. 1

자이너에게 발주하는 방식으로 디자이너의 인원 수를 확보하는 것은 어떨까요?
간단하게 할 수 있는 일은 아닐 겁니다. 우리회사는 지금까지 사내 디자이너 중심으로 업무를 해왔기 때문에 외부 디자이너와의 교류가 너무 없기 때문입니다. 그렇지만, 앞으로 사내 디자이너 육성과 동시에 외부 디자이너의 확보가 필요해진다는 것만은 분명합니다.

SOHO사원제도를 실시하면 디자이너의 확보가 가능하다

그래서 우리회사의 디자이너 고용 형태에 SOHO(Small Office & Home Office)사원제도를 도입하면 필요한 만큼의 디자이너를 확보할 수 있다는 제안을 하고 싶습니다. SOHO란 회사에 출근하지 않은 채 재택근무를 하는 것으로서, 디자이너 자신의 집에 작업에 필요한 하드웨어 · 소프트웨어가 있으면 회사라는 '상자'가 없어도 일을 하는 것이 가능합니다. 문제가 있다면 디자인 후반 공정의 최종 확인 단계에서 디자이너가 사무실에 대기하고 있을 필요가 있다는 점입니다. 그러나 이 문제도 업무에 따라 기용하는 디자이너를 다르게 하거나 최종 단계만 출근하는 방법을 취하면 해결할 수 있다고 생각합니다.
외부의 디자이너는 물론이지만, 사내 디자이너 중에도 SOHO 형식으로 근무하기를 바라는 사람이 많이 있습니다. 그와 같은 디자이너를 네트워크화 하는 수단으로서는 SOHO사원제도가 최적이라고 생각됩니다.
사외의 디자이너와 사내 디자이너 중에서 SOHO를 하고 싶은 사람을 대상으로 SOHO사원 모집을 합니다. 그 중에서 조건이 맞는 사람을 SOHO사원으로 채용하여 디자인 업무의 위탁을 실시합니다. SOHO사원의 급여 형태는 고정급과 업무에 따라 지불되는 보수로 됩니다.
SOHO사원으로 채용된 디자이너는 업무에 필요한 PC · 소프트웨어 · 주변기기 · 통신수단을 자기 부담으로 준비하게 합니다. 이것들은 개인이라도 구입이 가능한 것이기 때문입니다. 만약, 필요하다면 우리회사에서 자금 대여를 합니다. 사내 디자이너로부터 SOHO사원으로 전환한 사람의 인원수만큼 새로이 사내 디자이너를 채용합니다.
이러한 SOHO사원제도의 도입이 잘 진행되면 속도 위주의 대응이 요구되는 업무는 사내디자이너가 처리하고, 질 위주의 대응이 요구되는 업무는 SOHO디자이너에게 위탁하는 식으로 업무 영역을 구분할 수 있습니다. 또, 사무실 추가 임대나 소프트웨어 구입 등 고정비를 늘리지 않으면서도 사내 디자이너를 새로 육성할 수 있게 됩니다.

SOHO사원제도를 꼭 검토해주시기 바랍니다.

page. 2

피라미드 구조

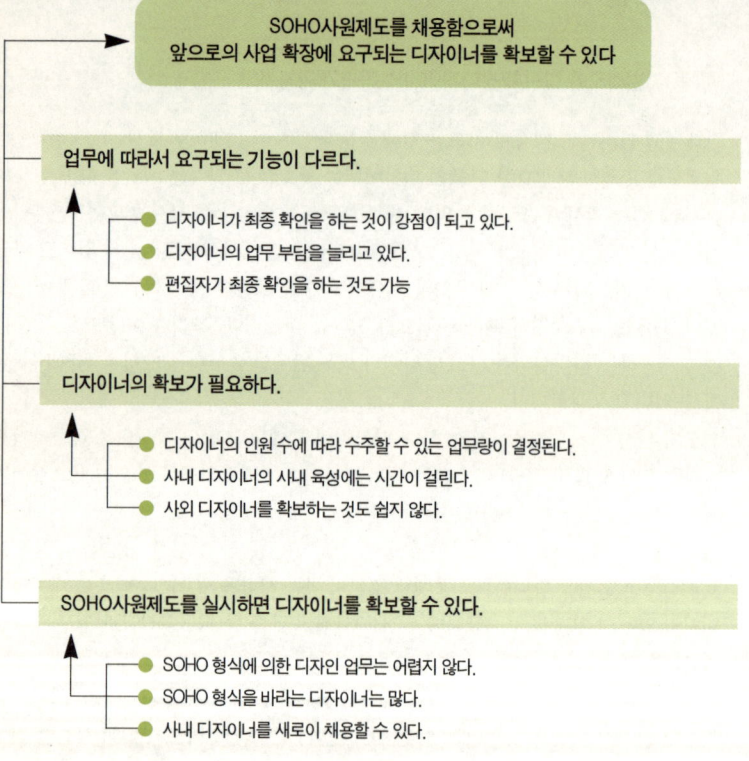

SOHO사원제도를 채용함으로써 앞으로의 사업 확장에 요구되는 디자이너를 확보할 수 있다

업무에 따라서 요구되는 기능이 다르다.

- 디자이너가 최종 확인을 하는 것이 강점이 되고 있다.
- 디자이너의 업무 부담을 늘리고 있다.
- 편집자가 최종 확인을 하는 것도 가능

디자이너의 확보가 필요하다.

- 디자이너의 인원 수에 따라 수주할 수 있는 업무량이 결정된다.
- 사내 디자이너의 사내 육성에는 시간이 걸린다.
- 사외 디자이너를 확보하는 것도 쉽지 않다.

SOHO사원제도를 실시하면 디자이너를 확보할 수 있다.

- SOHO 형식에 의한 디자인 업무는 어렵지 않다.
- SOHO 형식을 바라는 디자이너는 많다.
- 사내 디자이너를 새로이 채용할 수 있다.

이슈

나의 이슈 : 토탈인쇄에서 SOHO사원제도를 도입하는 것이 가능한가?

사장님의 이슈 : 토탈인쇄의 성장을 위해 무엇이 필요한가?

서브 이슈

1. 토탈인쇄에 요구되는 기능은 무엇인가?
2. 토탈인쇄에 앞으로 필요해질 것은 무엇인가?
3. 어떻게 하면 필요한 것을 확보할 수 있을까?

누마타 요이치 씨의 답안에 대한 강평

누마타 씨는 꽤 현실적으로 사고하는 사람이다. 제안자에게는 'SOHO사원제도를 실현하는' 것이 이슈라 해도 읽는 이인 사장에게는 그것이 이슈가 아니라고 생각했다.

그래서 세운 작전이, 사장의 이슈는 회사의 성장이라고 판단한 후 거꾸로 'SOHO사원제도'가 어떻게 회사의 성장에 공헌할 수 있는지를 보여주는 논리를 구성한 것이다.

이 방법은 '서브 이슈의 발견법'(65페이지 참조)에서 설명했다. 이 방법은 상당히 효과적이므로 꼭 따라 해보기 바란다.

서브 이슈도 잘 선정했는데, 하나 마음에 걸리는 것은 '경영자가 생각하는 것'은 '회사의 발전'밖에 없는 것처럼 이해하는 누마타 씨의 관점이다. 유사한 오해로서 '경영자는 늘 이익만을 추구한다', '경영자는 늘 성장만을 지향한다', '이익을 위해서는 질을 희생한다' 등이 있다. 그러나 모든 경영자가 항상 이런 식으로만 생각하고 있는 것은 아니다. '성장은 추구하지만, 그러기 위해서는 성장을 일시적으로 지연시키는 선택도 충분히 있을 수 있다'고 생각하는 경영자도 많이 있다.

피라미드에서 본문으로 전개한 방식도 적절하고, 또 피라미드 그 자체도 잘 되어 있는 편이다. 그러나 누마타 씨의 논리에서는 'SOHO사원 = 업무위탁사원'이 되어 본래 의미에서의 '사원'과는 다른 것으로 되어 있는 것 같다.

외부의 디자이너를 사용하지 않는 회사이므로 내부와 외부의 중간적인 포지션을 만들자고 생각한 것인데, 이것이 과연 회사의 생각과 일치한다고 할 수 있을까? 기본적인 방향은 어디까지나 '현재의 디자이너와 같은 일을 하되, 근무 장소를 자유로이 선택하게 할 수 없나?'하는 이슈를 설정하는 것이다. 그렇지 않으면 그 결과가 애초의 제안 목적과 이 제안이 실현된다고 해도 사원 중 아무도 그 제도를 이용하지 않을 가능성이 있다.

제안서

디자인 업무에서의 'SOHO사원제도'에 관한 제안

우리회사의 디자인 분야 업무에 재택 작업을 하는 'SOHO사원제도'를 도입하면 디자인 작업의 생산성이 향상될 것이라고 생각합니다. 그러기 위해서는 업무나 커뮤니케이션의 효율화를 동시에 시행해 나가야 하는데, 이것도 역시 회사에 큰 이점이 된다고 생각됩니다.
이하에서 그 이유와 타당성에 대한 설명을 하였으므로 검토를 부탁드립니다.

●디자인 작업은 재택근무 형태로도 가능하며 재택 근무시 안정감이 생기고, 출퇴근시간도 절약되어 생산성이 향상된다

현재 우리회사의 디자인 업무는 PC를 이용하여 수행하고 있습니다. 그 때문에 특별히 넓은 공간도 필요 없고, 필요한 기재도 모두 개인의 부담으로 구입 가능한 가격대입니다. 디자인 작업은 집중해서 작업하는 것이 필요하므로 사람들이 드나드는 사무실은 그다지 적합하지 않습니다. 디자인에 집중할 수 있는 환경이 마련되면 생산성이 향상될 것으로 생각됩니다. 구체적으로는 자택에서 작업하는 SOHO 형식이 좋다고 생각합니다. 디자이너로서는 출퇴근에 시간을 소모하지 않는 만큼 작업 시간을 충분히 가질 수 있어 작업의 질을 향상시킬 수 있을 것으로 기대됩니다.

●디자이너와 편집자의 역할을 분리하여 업무를 효율화하고 품질의 향상을 도모한다

우리회사의 업무에서 디자이너가 회사에 나와 있지 않으면 안 되는 주된 이유는, 편집 업무라 할 수 있는 최종 확인 공정 때문입니다. 이것은 업무 속도의 향상이나 실수의 최소화 등 작업 효율성을 높이는 일이기는 하지만, 최종 확인을 디자이너가 한다는 것은 결국 편집 업무를 디자이너가 인수한다는 것을 의미합니다. 본래 편집자가 해야 할 작업을 디자이너가 하는 것이 진정한 속도 향상이라고 할 수 있을지가 의문입니다. 예를 들면, 인쇄소로부터 원고를 회수하는 일을 디자이너가 하고 있는데, 그 시간을 본래의 디자인 업무에 쓰는 쪽이 효율 면에서 좋은 것은 아닐까요. 또 컨셉을 세운 편집자가 처음부터 마지막까지 확인이나 진행하는 편이 업무의 흐름으로서도 부드럽지 않을까요. 그러면 디자이너도 디자인에만 전념하여 디자인의 질을 향상시킬 수 있다고 생각합니다.

page. 1

● 디자인 작업에서는 커뮤니케이션의 필요성은 높지 않고, 필요한 부문도 효율화할 수 있다

SOHO근무제를 채택하면 커뮤니케이션의 문제가 발생한다고 생각합니다. 그러나 디자인은 개인적인 작업이므로 본래 커뮤니케이션을 그다지 필요로 하지 않습니다. 대부분의 지시 사항은 메일이나 전화로 해결할 수 있기 때문에 연락만 취할 수 있다면 사무실에 나와 있지 않아도 문제는 거의 없다고 생각합니다. 고속통신망이 깔리면서 커다란 데이터의 전송이나 실시간 의논도 어렵지 않게 되었습니다. 사내의 세세한 커뮤니케이션과 관련한 문제도 홈페이지에서 스케줄 시스템을 활용하거나 업무 보고의 룰을 정비함으로써 해결할 수 있다고 생각합니다.

SOHO근무제를 채택하는데서 오는 디자인 작업의 생산성 향상의 이점은 주로 커뮤니케이션 부분에서 발생할 수 있는 문제점보다 크다고 생각합니다. 나아가 SOHO근무제의 실시를 위해 추진하는 디자인과 편집 업무의 정비는 우리회사 업무 시스템의 전반적인 개선으로 연결되어 회사 전체의 생산성 향상으로도 이어질 것이라고 생각합니다.

'SOHO사원제도'의 실시를 검토해주십시오.

page. 2

피라미드 구조

토탈인쇄의 디자인 업무에 'SOHO사원제도'를
도입하면 디자인 작업의 생산성이 향상된다고 생각합니다.
업무나 커뮤니케이션의 효율화를 동시에
실시해 나갈 필요가 있는데,
이것은 회사에도 이익을 준다고 생각합니다.

디자인 작업은 재택 작업으로도 가능하며, 재택 작업을 하면 안정된 가운데서 일을 할 수 있고 출퇴근시간이 절약되어 생산성이 향상된다.

- PC상에서 하고 있는 현재의 디자인 작업은 SOHO 형식으로도 작업할 수 있다.
- 디자인에 필요한 장비를 개인이 준비하는 것은 금액 면에서 불가능하지 않다.
- 디자인 작업은 사람들이 드나드는 사무실보다 조용한 집에서 하는 쪽이 생산성 면에서 유리하다.
- SOHO근무제는 출퇴근으로 소비되는 시간을 활용할 수 있으므로 작업 시간을 충분히 가질 수 있다.

디자이너와 편집자의 역할을 분리함으로써 업무의 질과 효율성을 높일 수 있다.

- 디자이너가 회사에 없으면 안 되는 이유는 주로 편집 분야의 작업이라 할 최종 확인 작업때문이다.
- 최종 확인을 디자이너가 하는 데서 오는 업무 효율성은 디자이너가 편집 업무를 인수하는 것으로 성립하고 있다.
- 본래 편집자의 작업을 디자이너가 하는 것이 공정 속도의 진정한 향상으로 이어지는가에 의문이 남는다.
- 업무의 흐름이라는 면을 볼 때는 처음부터 마지막까지 편집자가 진행하는 편이 매끄럽고, 디자이너도 본래의 디자인 작업만 하면 작업의 질을 향상시킬 수 있어서 좋다.

디자인 작업에서는 커뮤니케이션의 필요성은 높지 않고,
커뮤니케이션이 필요한 부분은 시스템 효율화를 통해 달성할 수 있다.

- 디자인은 개인적인 작업이므로 커뮤니케이션을 그다지 필요로 하지 않는다.
- 현재도 업무 연락은 거의 메일이나 전화로 해결하는 경우가 많고, 연락만 취할 수 있다면 사무실에 나와 있지 않아도 문제는 거의 없다.
- 고속통신망 회선을 사용하면 작업에 필요한 자료나 데이터를 보내는 것은 어렵지 않다.
- 세세한 사내 커뮤니케이션의 문제는 홈페이지 상에서의 스케줄 시스템이나 업무 보고의 규칙을 정비함으로써 해결할 수 있다고 생각한다.

이슈

토탈인쇄의 디자인 업무에 'SOHO사원제도'를 도입하려면 어떻게 하면 좋은가?

서브 이슈

1. 디자인 작업의 효율은 증대되는가?
2. 회사에 나와야만 할 수 있는 작업은 어떻게 하나?
3. 회사에 나가지 않으면 커뮤니케이션의 문제가 일어나지 않을까?

[나카지마 노부히로 씨의 답안에 대한 강평]

이슈, 서브 이슈, 피라미드, 본문 모두 완성도가 높다. 주어진 설정 속에서 사고한 결과물로서는 합격권 내의 답안이라고 할 수 있다. 독자들은 우선 이 수준까지 해내는 것을 목표로 삼았으면 한다.

그러면 이제 종합정리 차원에서 정말로 설득력이 있는 제안을 하기 위해서 지금부터 무엇을 해야 하는지에 대해 생각하자.

종합연습에서는 상황에 대한 정보가 짧은 글 하나로 주어졌기 때문에 검토할 수 있는 정보의 범위가 좁다. 그렇다 해도 우선 주어진 정보를 가지고 생각해 볼 수 있는 것은 모두 생각해 보는 데서부터 시작했으면 한다. 그 하나의 결과가 나카지마 씨의 답안이다.

실제 비즈니스에서도 시간이나 비용의 제약 등으로 인하여 제안에 필요한 정보를 모두 갖추고 일을 하기는 힘들다. 그래서 제한된 정보만을 가지고도 최대한의 설득력을 발휘할 수 있어야 한다. 연습과 실전은 분명히 다르다. 그렇다고 해서 연습이 실전보다 한 수 아래라는 것은 아니다. 실전에서는 알고 싶은 정보를 얻을 수 있기 때문에 도리어 한계점까지 생각하려고 하지 않고 끝내버리는 일이 있다. 지금 주어진 정보로 사고할 수 있는 한계점까지 도달해 보자. 그런 연후, 만약에 더 많은 정보를 얻을 수 있다면 어떤 정보를 원하는지, 그리고 그것에 따라서 논리의 전개(피라미드)는 어떻게 변할 수 있는지를 생각해 보자.

토탈인쇄의 경우, 예를 들면 다루고 있는 인쇄물에서 어느 정도의 완성도(질)가 요구되었는지가 불명확하다. 질보다는 속도가 요구되는 인쇄물(전단 등)이라면 전자화를 통하여 속도를 올리는 것이 가능하며, SOHO제도 역시 이러한 것에 잘 맞는다. 그러나 질을 높이기 위해서는 아무래도 직접 실물을 눈으로 보면서 세세히 교정을 해야 하고 그 점이 전자화의 걸림돌이 될 것이다.

디자이너라고 해도 개인에 따라서 SOHO에 대한 선호가 다를 것이므로 조사를 해 보아야 할 부분이다. SOHO 지향과 디자이너 업무간에 어떠한 상관관계가 있는지도 조사했으면 한다. 보수나 자기 자신의 선호에 대해서도 검토가 필요할 것이다.

이러한 검토 항목을 생각할 수 있는 것도 현재까지 주어진 정보를 바탕으로 한계까지 사고해 보았기 때문이다.

Logical Communication + Persuasive Presentation

논리적 사고를 기초로 설득력을 갈고 닦는다!

Epilogue

의사 전달력을 단련하여 이상을 실현한다

Logical Communication + Persuasive Presentation

Epilogue 논리적 사고를 기초로 설득력을 갈고 닦는다!

논리적인 것과 '조리 있는 설명'

마지막으로 논리적 사고에 대한 일반적인 손해 2가지를 풀어두자. "논리적 사고란 무엇입니까?"라고 물으면, 흔히 "조리 있는 설명"이라는 답이 돌아온다. 그런가?

'조리 있게'라고 생각하는 탓일까, 자신이 생각해온 경험을 순서대로 꼼꼼히 설명하는 식의 제안서를 쓰는 사람이 있다. 피라미드의 키 라인은 시간 순서로 나열되어 있어서, "우선 먼저 이슈를 생각했습니다, 다음으로 자료를 분석하고요, 이러한 것을 So What?으로 생각했습니다, 나아가 다음으로…"라는 순서로 피라미드를 쓴다.

이 책을 제대로 읽어 온 독자라면 잘 알겠지만, 이와 같은 '조리' 로부터는 설득력이 나오지 않는다. 설득력은 하나 하나의 키 라인 메시지가 주장(메인 메시지)의 근거로서 제대로 기능을 해줄 때 생겨난다. 이슈, 서브 이슈, So What?과 본서에서 설명해 온 사고의 순서는 그러한 근거를 발견하는 가장 좋은 수단이다.

논리적인 것과 '개성'

논리적인 것은 몰개성적이라고 생각하는 사람도 있다. 수학에서는 논리적인 사고의 결과 '답'은 늘 하나로 정해진다. 그렇다면 비즈니스에서의 논리적 사고도 마찬가지의 천편일률적인 결과를 가져오지 않겠냐는 것이다.

그러나 비즈니스에서의 논리적 사고와 수학이나 논리학에서의 논리적 사고는 동일한 것이 아니다. 비즈니스나 실생활에서 도움이 되는 논리적 사고를 말하자면, "지금까지보다는 치밀하게 생각하자"는 수준의 것이라고도 할 수 있다.

그렇기에 같은 이슈에 대해 생각해도 결과는 개인마다 크게 다르다. 즉, '개성'이 나온다. 개성이 나오는 것이야말로 창조의 원천이다. 그래서 필자는 창조적 사고라는 것과 치밀하게 생각한다는 의미에서의 논리적 사고는 같은 것이라고 생각하고 있다.

논리적인 것과 '변혁'

이 책 내용에 대해 몇몇 사람들이 "이 정도의 것을 논리적 사고라고 불러서는 곤란하다, 수준이 너무 낮다" 고 비판했다. 어떤 의미에서는 맞는 말일 수도 있다.

그러나 그들이 말하는 '이 정도'의 논리적 사고조차 현실의 비즈니스맨에게는 좀처럼 쉽지 않다. 이것은 매일매일 사고력 향상의 클래스를 가르친 경험에서 하는 말이므로 틀림없다. '이 정도' 이상의 논리적 사고가 가능한 사람은 그 힘을 사용하여 국내는 물론 세계를 더 좋은 방향으로 움직이기 바란다.

그러나 비즈니스 세계에 '변혁'을 일으키려면 '이 정도의 논리적 사고'라도 충분한 힘이 된다. 논리적 사고를 기초로 설득력을 높이고 설득력을 기초로 자기 자신이 하고 싶은 일, 나아가서는 자신의 이상을 실현시켜 간다. 그러한 경험들이 모여 일본과 세계가 더 좋은 미래에 이르는 것이야말로 필자의 소원이다.

답안을 작성한 수험생의 프로필

마츠자와 토시오
30대, 서비스업 개발 · 조사직

"지난번에 참가하여 책을 읽었는데 그 결과 나 자신이 어떻게 변했는지를 보고 싶다"

무라이 타케시
40대, 제조업 법무 분야 근무

"의사 전달력을 낳는 것은 논리뿐일까? 하는 문제의식을 가지고 있었습니다"

후지모토 테츠
20대, 교육 관련 기업의 기획직

"텍스트를 가지고 하는 자습만으로는 좀처럼 진전이 없어서 이 기회를 이용하고 싶다"

후쿠다 타이조
30대, 화학 회사의 영업직

"현재의 논리적 사고력을 높여서 실전에서 많이 사용하고 싶다"

후카미즈 토모오
30대, 시스템 개발 회사의 SE

"어떻게 하면 회사 사람들 모두에게 나의 생각을 전할 수 있는지 알고 싶다"

누마타 요이치
30대, 광고업계의 연구개발직

"자문자답하는 일이 많은 업무이므로 나의 논리를 점검했으면 한다"

니시카와 이치에이
40대, 화장품 회사 근무, 인터넷 분야의 기획직

"상대방을 제대로 설득할 수 있는 의사 전달력을 익히고 싶다"

나카니시 야스유키
30대, 운수 회사의 영업직

"상대방이 이해하기 쉬운 논리를 구성할 수 있는지, 트레이닝 북으로 시도해보고 싶다"

나카지마 노부히로
30대, 광고업계의 디자이너

"GMS에서 배운 창조적 사고가 어느 정도 몸에 익었는지 궁금하여…"

테라지마 슌이치
30대. 전직활동 중

"모처럼의 전직활동인데, 논리적 사고력을 단련하여 좋은 직업을 찾고 싶다"

세키 아키라
20대, 제조업 근무, 3D CAD엔지니어

"남들에게 뭔가를 전달하는 것이 잘 안 된다고 늘 생각했다"

스즈키 가즈유키
30대, 콜 센터 비즈니스, 인재개발담당

"논리적 사고를 능숙하게 구사하여 나의 강점인 풍부한 아이디어 능력을 살리고 싶어서"

시라기 류스케
30대, 협동조합 근무, 사무직

"사고의 지구력이 떨어지고 이슈를 좁힐 수 없어서 어정쩡한 상태로 시종일관한다는 느낌"

쿠와바라 마사요시
30대, 마케팅 기획직

"내가 의식하지 못하는 사고의 함정을 알아차렸으면"

오카다 타다시
30대, 상사의 의류 직판부서 근무

"나의 논리적 사고 수준이 너무 낮은데 놀람. 더욱 노력해야겠다"

오와키 나오히코
30대, 자동차 회사 근무, 엔지니어. 환경 분야를 담당.

"제안이나 서류 작성을 더 빠르게, 더 알기 쉽게, 더 확실하게 할 수 있으면 해서 수강했습니다"

이시바시 세이지
30대, 산업재 회사 근무, 사무직

"일상의 생활만으로는 사고의 기술을 갈고 닦을 수 없다는 사실(자신의 힘없음)을 체험하고 싶다"

이시카와 에츠코
20대, 대학 4학년(현재는 제조업 근무)

"사회인으로서 필요한 논리적 사고력을 몸에 익히고 싶다"

이시카와 히로아키
30대, IT 관련 기업 근무, 컨설턴트

"부끄러움을 무릅쓰고 논리력을 단련하는 좋은 기회로 삼겠다"

쿠와바라 마사요시
30대, 마케팅 기획직

"내가 의식하지 못하는 사고의 함정을 알아차렸으면"